KONRAD LITTMANN

**Steuerreform statt Tarifanpassung**

Wirtschaftspolitische Kolloquien
der Adolf-Weber-Stiftung

# Steuerreform statt Tarifanpassung

Von

Konrad Littmann

DUNCKER & HUMBLOT / BERLIN

CIP-Kurztitelaufnahme der Deutschen Bibliothek

**Littmann, Konrad:**
Steuerreform statt Tarifanpassung / von Konrad
Littmann. — Berlin: Duncker und Humblot, 1985.
  (Wirtschaftspolitische Kolloquien der
  Adolf-Weber-Stiftung)
  ISBN 3-428-05849-6

Alle Rechte vorbehalten
© 1985 Duncker & Humblot GmbH, Berlin 41
Satz: Günter Schubert, Berlin 65
Druck: Berliner Buchdruckerei Union GmbH., Berlin 61
Printed in Germany

ISBN 3-428-05849-6

# Vorwort

Die Steuerreform ist das wichtigste wirtschafts- und finanzpolitische Thema dieser Monate. Wieder einmal geht es, wie schon nicht selten in früheren Jahren, vor allem um eine Frage: Soll eine „große" oder doch eine „größere" Reform versucht werden — oder will man sich in „kleinen Schritten" einem solchen Fernziel nähern? Ende September 1984 stand dieses Problem im Mittelpunkt eines Wirtschaftspolitischen Kolloquiums der Adolf-Weber-Stiftung in Frankfurt, an dem Vertreter der Wissenschaft, der Bundesregierung und der Wirtschaft teilnahmen. Die Aussprache wurde eingeleitet durch ein Referat von Herrn Professor Dr. Konrad Littmann, Vorsitzendem des Wissenschaftlichen Beirates beim Bundesminister der Finanzen, der vor der Gefahr warnte, die Steuerreform könnte zu einer Tarifanpassung verflachen.

Die Adolf-Weber-Stiftung legt dieses Referat, wie immer zusammen mit den Ergebnissen der Aussprache, als Band 12 der Reihe ihrer Wirtschaftspolitischen Kolloquien vor.

Dem Stifterverband für die Deutsche Wissenschaft gebührt besonderer Dank für die freundliche Förderung dieser Veranstaltung.

Adolf-Weber-Stiftung

# Inhaltsverzeichnis

*Steuerreform statt Tarifanpassung* .......................... 9

   Prolog ................................................. 9
   Über den quantitativen Rahmen von Steuerreformen ...... 10
   Intentionen und Ziele einer Reform .................... 15
   Zur Neugestaltung des Einkommensteuertarifs ........... 20
   Aktuelle Fragen des Familienlastenausgleichs .............. 25
   Besteuerung und Inflation ............................. 29
   Reform der Einkommensteuer-Bemessungsgrundlage ....... 31
   Zur Aufhebung dirigistischer Sondervorschriften .......... 40
   Sonderproblem der Gewinnbesteuerung ................. 42
   Das Elend der Vermögensteuer und der Gewerbesteuer .... 45

*Zusammenfassung der Aussprache* .......................... 50

   1. „Große Reform" oder „kleine Schritte"? ................. 50

   2. Inflationsangepaßte Besteuerung — aber wie? ............. 54

   3. Weniger Steuerbelastung für den Bürger — weniger Staatsaufgaben? ............................................. 57

   4. Tarifgestaltung — Kurven oder „gerade Linie"? ........... 59

   5. Investitionsförderung durch Steuerpolitik? ............... 61

   6. Vergünstigungen abbauen? ............................. 64

7. Ertragsunabhängige Besteuerung — Abschaffung der Vermögensteuer .............................................. 67

8. Die Gemeinden und ihre Gewerbesteuer .................. 68

9. Einfacheres Steuerrecht? ................................ 70

10. Ausblick — weniger und legitimere Abgaben .............. 72

## Steuerreform statt Tarifanpassung*

### Prolog

Die gegenwärtige politische Diskussion gefällt sich in Eigenarten. Hoffnungen auf eine spürbare Wende der wirtschaftlichen und sozialen Prozesse richten sich zunehmend auf Elemente einer noch ausstehenden großen Steuerreform. Dank ihrer Hilfe sollen endlich jene Kräfte freigesetzt werden, die am ehesten einen rekurrenten Anschluß an die Entwicklung der 50er und 60er Jahre zu versprechen scheinen.

Der zutage tretende Reichtum steuerpolitischer Ideen beeindruckt jeden kritischen Beobachter. Da mischen sich nüchterne Vorschläge mit phantastischen Visionen, die die Besteuerung zum zentralen Schaltwerk der Wirtschafts- und Sozialpolitik verklären. Da wandeln sich verständliche Entlastungswünsche zu zwingenden Erfordernissen, die erfüllt werden müssen, um auch künftig die Stabilität von Wirtschaft und Gesellschaft zu gewährleisten. Da entwickeln sich Hypothesen über die Auswirkungen geforderter Steuerrechtsänderungen zu Heilslehren, die jedes fundierte Urteil über die einschlägigen Maßnahmen schlechthin negieren. Und da verdrängen einseitige punktuelle Ansätze immer wieder umfassende, systematische Konzeptionen, gleichsam als ob das Argument der Gerechtigkeit der Steuerlastverteilung unbeschränkt durch das Argument der ökonomischen Effizienz der Steuerpolitik substituierbar wäre.

So unterschiedlich sich auch die Vorschläge der jüngsten Steuerreformdiskussion in ihrer Ausrichtung und ihrem Ausmaß präsentieren, so zeichnet sich doch in einem Punkt eine

---

\* Überarbeitete Fassung des am 27. September 1984 bei einem wirtschaftspolitischen Kolloquium der Adolf-Weber-Stiftung gehaltenen Vortrages.

gewisse Konvergenz der Auffassungen ab. Die von der Bundesregierung verabschiedeten Leitlinien und Eckdaten zu dem Reformwerk der Jahre 1986/88 werden gemeinhin als unzureichend gewürdigt; sie verfehlen offensichtlich weitgehend jene Erwartungen, die der verbandsorganisierte, von Sozialabgaben außerdem schwer gebeutelte Steuerzahler hegt.

## Über den quantitativen Rahmen von Steuerreformen

Die Koordinaten jeder Steuerreform liegen materiell in einem quantitativen Rahmen, der durch den mit der Steuerrechtsänderung angestrebten oder in ihrer Folge noch vertretbaren Steuerausfall umschrieben wird. Es wäre töricht, die quantitative Begrenzung ignorieren zu wollen. Es ist jedoch außerordentlich schwierig, die optimale — also die nach gesamtwirtschaftlichen und spezifisch finanzwirtschaftlichen Kriterien erwünschte — staatliche Mindereinnahme festzulegen. Vor allem drei komplexe Probleme sind in diesem Zusammenhang zu beantworten:

(1) Wie reagieren die betroffenen Wirtschaftssubjekte auf Steuerrechtsänderungen? Inwieweit ist zum Beispiel die Annahme berechtigt, daß der originäre Steuerausfall aufgrund einer Tarifsenkung durch vermehrte Leistung bzw. durch höheren Verbrauch der Zensiten ganz oder wenigstens teilweise kompensiert wird?

(2) Wie reagieren die staatlichen Planträger auf eine Senkung der Steuereinnahmen? Werden sie den Steuerausfall durch Verstärkung anderer Einnahmen, insbesondere durch zusätzliche Kreditaufnahmen ausgleichen, oder können und werden sie das Volumen der öffentlichen Ausgaben kürzen? Und

(3) wie reagiert das Gesamtsystem langfristig auf die Verhaltensänderung der privaten und der staatlichen Planträger? Tragen die zahlreichen Faktoren, die mit jeder umfangreichen Steuerrechtsänderung wirksam werden, ins-

gesamt zu einer stärkeren Investitionsneigung, zu einer höheren Wachstumsrate und zu einer geringeren Inflationsrate bei oder lösen sie andere Effekte aus, die die wirtschaftspolitischen Ziele der Regierung gefährden?

Die Wirtschaftswissenschaft wäre überfordert, müßte sie diese drei Fragen anläßlich der Vorbereitung von Steuerreformen in empirisch gehaltvoller Weise beantworten, damit ein optimaler Rahmen für die anstehenden Entscheidungen abgesteckt werden kann. Aber nicht selten schleicht sich auch in sonst seriöse Steuerreformpläne als eine scheinbar gesicherte Aussage das Vorurteil ein, daß projizierte Steuerausfälle getrost vernachlässigt werden dürfen. Begründet wird dieses Vorgehen mit einer konsequent klingenden Argumentation. Meist läuft sie darauf hinaus, daß die staatlichen Mindereinnahmen Ausgabekürzungen bewirken, und die daraus resultierende Senkung der Staatsquote ihrerseits wieder zu einer Stärkung des marktwirtschaftlichen Entwicklungspotentials beitrage usw. Nach dem Stand der wissenschaftlichen Erkenntnis bilden freilich diese postulierten Abhängigkeiten pure Spekulationen, die weder als zwingend im theoretischen Sinn bewiesen noch empirisch in gesicherter Weise belegt sind.

Aufgrund der allgemeinen Trägheit menschlichen Verhaltens und namentlich der institutionell bedingten Inflexibilität des staatlichen Verhaltens, dürfte anstelle der Spekulation die Orientierung an historischen Fakten eine verläßlichere Grundlage schaffen, um die Dimension von Steuerreformen quantitativ zu umreißen. Was insoweit die Verhältnisse der Bundesrepublik Deutschland betrifft, so besitzen vor allem die folgenden Strukturmerkmale größere Bedeutung zur Einschätzung des Ausfallpotentials anläßlich von Steuerreformen:

— Die Steuerquote, also das Verhältnis von Steueraufkommen zu Sozialprodukt, verharrt — bei außerordentlich geringen Schwankungen — seit Jahrzehnten auf einem Niveau von durchschnittlich 23,8 %.

— Die Steuerquote hat erheblichen Einfluß auf die Aufgabenzuteilung, das Ausgabeverhalten und die Verwaltungsorganisation der Gebietskörperschaften gehabt. Die Aufgaben- und Ausgabenstrukturen, die sich seit 1950 herausgebildet haben, sind kurzfristig als kaum veränderbare Daten anzusetzen. Eine nachhaltige Reduzierung der öffentlichen Ausgabevolumina verlangt strategische Konzeptionen, die — anders als die traditionellen Konsolidierungsmaßnahmen — langfristig angelegt sein müssen.

— Die strukturbedingte Neuverschuldung der Gebietskörperschaften ist nach wie vor als recht hoch einzuschätzen, zumal durch die Abführung der Bundesbankgewinne die Situation günstiger erscheint als sie tatsächlich ist. Die strukturbedingte öffentliche Nettoneuverschuldung trägt maßgeblich dazu bei, daß die Ausgabenquote der Gebietskörperschaften annähernd 5 Prozentpunkte über der Steuerquote und die — unter Einschluß der Sozialversicherung ermittelte — Staatsquote um den gleichen Abstand über der gesamtwirtschaftlichen Abgabenquote liegt.

— Nach der Korrektur der Steuerschätzungen im März 1985, die nebenbei den Trend einer abnehmenden Einkommenselastizität des Steueraufkommens bestätigt, wird gleichwohl ceteris paribus die Steuerquote bis 1988 leicht zunehmen. Dessen ungeachtet zeichnen sich in den öffentlichen Haushalten Finanzierungsschwierigkeiten ab, da — nach der Veranschlagung der mittelfristigen Finanzplanung — die Zuwachsrate der Steuern nunmehr unter der Steigerungsrate der öffentlichen Ausgaben liegt.

Welche Konsequenzen lassen sich aus diesen wenigen Anhaltspunkten ableiten?

(a) Die vielfach geäußerte Hoffnung, die Staatsquote könne bis 1988 um annähernd 5 Prozentpunkte gesenkt werden, kann sich weder auf Erfahrungswerte der jüngsten Vergangenheit noch auf zuverlässige Befunde der mittelfristigen Finanzplanung berufen. Wie die Dinge liegen, ist vielmehr zu vermuten, daß die Staatsquote während der nächsten Jahre nur wenig unter das einmal erreichte Niveau zu drücken ist.

(b) Kurz- und mittelfristig ist das Niveau der Staatsquote auch durch Steuerkürzungen kaum in wirtschaftlich erwünschter Weise zu beeinflussen. Die Erfahrungen im Zusammenhang mit der Konsolidierung im kommunalen Bereich scheinen auf den ersten Blick diese Aussage zu widerlegen; tatsächlich ist die Einschränkung der Gemeindeausgaben wirtschaftspolitisch durchaus kritisch zu würdigen, da sie vornehmlich durch Kürzungen öffentlicher Investitionen erzielt wurde.

(c) Unter diesen eben genannten Voraussetzungen haben Steuerreformen, die mit einer nachhaltigen Senkung der Steuerquote einhergehen, eine Verstärkung der öffentlichen Nettokreditaufnahme zur Folge. Allerdings dürfte es recht zweifelhaft sein, ob eine nicht konjunkturell bedingte Ausdehnung der öffentlichen Schuld das Wirtschaftswachstum anhaltend fördert.

Dennoch taucht in der jüngeren Diskussion immer wieder der Gedanke auf, daß die öffentliche Verschuldungssituation unbedeutend bleiben könne, weil allein eine massive Steuerentlastung schon dazu beitragen würde, die wirtschaftliche Entwicklung voranzutreiben. Dies sei zumindest dann nicht ganz unwahrscheinlich, wenn die Steuerentlastung dazu diene, private Investitionen anzuregen und die Effizienz der Produktion zu erhöhen. Auf diese Weise sei es sogar möglich, die durch Steuersenkungen zunächst provozierte öffentliche Kreditaufnahme à la longue aufzufangen und schließlich eine Auto-Konsolidierung der öffentlichen Haushalte zu erreichen.

Dieser „Laffer-Effekt" von Steuersenkungen, der in den USA nahezu ein Wirtschaftswunder ausgelöst haben soll, bildet einen Pfeiler der gegenwärtigen steuerpolitischen Diskussionen, obschon seine Wirksamkeit durchaus nicht erwiesen ist. In anderen Staaten, die — wie z. B. Großbritannien — vergleichbare Steuerentlastungen des gewerblichen Sektors vorgenommen haben, blieb das Wirtschaftswachstum weiterhin wenig befriedigend. Und auch in den USA zeichnet sich noch keine Konsolidierung der öffentlichen Haushalte ab. Noch mehr: Bei nüchterner Analyse drängt sich geradezu der Verdacht auf, daß die steuerlichen Maßnahmen nur Bauern auf dem Schachbrett US-amerikanischer Wirtschaftspolitik abgeben, der kräftige konjunkturelle Impuls der frühen 80er Jahre aber vornehmlich auf anderen Faktoren beruht. Wer Erklärungen für den amerikanischen Aufschwung sucht, der wird wohl nicht auf dem Feld des Steuerrechtes, sondern eher in dem schwer durchschaubaren Dschungel zwischen politischer Macht und ökonomischem Gesetz fündig werden. Die in dieser Region zu praktizierenden wirtschaftspolitischen Strategien sind jedoch im Zweifel nicht von kleineren Volkswirtschaften, also auch nicht von der deutschen Volkswirtschaft nachzuvollziehen.

Konsequenz: Für absehbare Zeiten ist davon auszugehen, daß der quantitative Rahmen für Steuerreformen an eine angestrebte Konstanz der Steuerquote adjustiert werden muß, um eine erneute Zunahme der öffentlichen Nettokreditaufnahme zu vermeiden, die schnell zur kritischen Schuldenmasse werden könnte. Eine anzustrebende Konstanz der Steuerquote schließt bei wirtschaftlichem Wachstum Steuersenkungen zwar nicht aus, sie limitiert sie aber.

Zahlreiche Vorschläge zur Neuorientierung der Besteuerung streben in erster Linie eine Entlastung für alle Steuerzahler oder für Gruppen von ihnen an. Sie sind unter dem quantitativen Aspekt einer strengen Limitierung des vertretbaren Steuerausfalls recht uninteressant. Allgemeine Steuerentlastungen lassen sich im übrigen am einfachsten durch lineare Tarifoperationen erreichen, bei denen die relative Verteilung der Steuerlasten auf die Pflichtigen erhalten bleibt.

Steuerreformen, die ihren Namen wirklich verdienen, zielen aber auf eine Umverteilung der Lasten ab. Steuerausfälle, die mit einer Maßnahme verbunden sind, müssen durch Steuermehreinnahmen aufgrund anderer Steuerrechtsänderungen zumindest teilkompensiert werden. Es bedarf keiner Erörterung, daß Steuerreformen in diesem Sinn wirtschaftlich und politisch weit schwierigere Aufgaben enthalten als einseitige Steuerentlastungen.

**Intentionen und Ziele einer Reform**

In der Realität mögen die Ziele einer Steuerreform oftmals nicht mit jener Klarheit formuliert werden, die für die wissenschaftliche Behandlung finanzpolitischer Zusammenhänge charakteristisch sein dürfte. Dennoch sind die wichtigsten Tendenzen, die sich in der aktuellen Diskussion abzeichnen, recht deutlich auszumachen.

Generell bezieht sich die Reformdiskussion nur auf einige wenige Abgaben. Dies erklärt sich vornehmlich aus dem historischen Tatbestand, daß das deutsche Steuersystem in der Vergangenheit einige bemerkenswerte Stützen eingezogen erhielt, die die Systematik und Rationalität des staatlichen Zugriffs verbesserten, die insbesondere zur Harmonisierung von Besteuerung einerseits und Wirtschafts- und Sozialordnung andererseits nachhaltig beitrugen. Zum Beleg ist u. a. auf die Neugestaltung des Umsatzsteuerrechtes (1967) oder auf die Änderung des Körperschaftsteuerrechtes (1976) zu verweisen. Hier besteht im Prinzip kein aktueller Bedarf an Änderungen; das geltende Recht darf insoweit grosso modo als annehmbar bewertet werden, wenn auch von einigen Entgleisungen, z. B. von den Agrarsubventionen der jüngsten Umsatzsteuernovelle, abstrahiert werden muß. Doch auch weniger umfassende, der Sache nach partielle Reformen, wie z. B. die Einführung des Splittings in das Einkommensteuerrecht (1957) haben sich günstig auf die Qualität des deutschen Steuersystems ausgewirkt, obwohl partielle Lösungen recht selten Bestlösungen implizieren. Weiterhin besteht ein von allen Gruppen formal anerkanntes Ziel einer Reform in der Forderung, soweit notwendig das Steuersystem ganz grundlegend zu vereinfachen. Das deutsche Steuerrecht, namentlich das Einkommensteuerrecht, gilt vor allem deshalb als überfällig für eine Neuordnung, weil es aufgrund seiner Kompliziertheit prinzipielle Anforderungen verletzt, die ein annehmbares Steuersystem erfüllen sollte. Es eröffnet dem kundigen Steuerpflichtigen — neben illegalen Aktivitäten — eine Reihe legaler Chancen, der starken Belastung mehr oder weniger auszuweichen. Der nicht sachverständige Pflichtige erkennt hingegen diese Möglichkeiten nicht, er vermag sich nicht steuerrational zu verhalten, also seine Steuerschuld legal zu minimieren. Die ganz überwiegende Mehrzahl der Pflichtigen darf getrost dieser zweiten Kategorie zugerechnet werden.

Das deutsche Steuerrecht ist sogar derart intransparent geworden, daß nicht nur die Steuerpflichtigen beachtliche Schwierigkeiten haben, dem Gesetz zu folgen und die sie entlastenden Vorschriften zu nutzen. Vielmehr verdichtet sich der Eindruck, daß auch der Gesetzgeber mitunter nicht mehr weiß, was die von ihm verfügten steuerlichen Normen eigentlich bewirken. Die ständigen Änderungen des Steuerrechtes, ja die erneuten Änderungen bereits beschlossener Steuergesetze, bevor sie in Kraft getreten sind, belegen insoweit die Hilflosigkeit des Gesetzgebers recht deutlich.

Und das Elend der Steuerpolitik dokumentiert sich auch und vor allem in den zahlreichen Sonderregelungen, die sich zum Beispiel im Einkommensteuerrecht oftmals hinter den „abc-Paragraphen" (§§ 6a, 6b, 6c; 7a, 7b, 7d, 7e, 7f usw.) verbergen. Diese Vorschriften haben nicht selten schwerwiegende Durchbrechungen von Grundsätzen der Gleichmäßigkeit der Besteuerung zur Folge, die unter Wettbewerbsgesichtspunkten, unter verteilungspolitischen Aspekten, aber auch unter allgemeinen politischen wie verfassungsrechtlichen Erwägungen außerordentlich bedenklich erscheinen. Auch die Überlastungen der Finanzgerichte, die höchst unerwünschte Konsequenzen nach sich ziehen, erklären sich vornehmlich aus der Kompliziertheit der Materie. Die Einführung jeder Ausnahmeregelung erfordert neue Abgrenzungen zwischen begünstigten und nichtbegünstigten Tatbeständen; aus der Natur der Sache heraus sind bei steuerlichen Entscheidungen solche Abgrenzungen aber regelmäßig strittig.

Zusammenfassend läßt sich ein allgemeiner Anlaß zu Reformbestrebungen aus den eingetretenen Verwerfungen des Steuerrechtes ableiten. Schwere Mängel der deutschen Besteuerung, insbesondere der Einkommensbesteuerung ergeben sich vor allem aus den erheblichen Verletzungen der Steuersystematik. Steuersystematik ist zwar kein Wert an sich, aber die Systematik bildet eine notwendige Voraussetzung für die angestrebte Steuerordnung, die sowohl mit der Rechtsordnung als auch mit der Ordnung der sozialen Marktwirtschaft harmonieren soll.

Obschon dieser Gedanke in fast allen Vorschlägen zur Steuerreform zu finden ist, stößt seine Realisierung immer wieder auf energischen Widerstand. Das Ziel, das Steuerrecht zu vereinfachen und ihm mehr Systematik zu verpassen, erfreut sich einer breiten Unterstützung nur solange, wie keine konkreten Änderungen des Rechts zur Entscheidung anstehen. Bislang bestätigt noch jeder politische Versuch einer systematischen Bereinigung des Steuerrechtes, mit dem zwangsläufig tradierte Privilegien einzelner Gruppen zur Disposition gestellt werden müssen, die Vermutung, daß im politischen Kräftespiel die Erhaltung des Besitzstandes ein höherrangiges Gut zu sein scheint als ein Steuersystem, das mit der Rechts-, der Gesellschafts- und der Wirtschaftsordnung im Einklang steht. Diese Widersprüchlichkeit der Intentionen prägt in besonderer Weise die jüngeren Diskussionen um eine Neuorientierung der Besteuerung. Auf der einen Seite zeichnen sich starke Bestrebungen ab, die Besteuerung gewissen wirtschaftspolitischen Zielsetzungen anzupassen. In diesem Sinn soll die Besteuerung vor allem so gestaltet werden, daß sie Produktivitätsfortschritte auf keinen Fall hemmt, sie nach Möglichkeit sogar fördert, damit wieder ein kräftiges Wirtschaftswachstum eintritt. Auf der anderen Seite wird nachdrücklich eine soziale Orientierung der Steuerpolitik gefordert, und zwar unabhängig davon, ob sozial motivierte steuerliche Entlastungen mit dem konkurrierenden Ziel der Effizienzverbesserung und der Wachstumsförderung harmonieren oder nicht.

Das Dilemma der Steuerreform besteht allerdings nicht allein darin, daß im Rahmen vertretbarer Steuerausfälle die wirtschaftlichen und sozialen Forderungen wohl kaum gleichzeitig — oder während einer kürzeren Periode — erfüllt werden können. Vielmehr bereitet die weit schwerer wiegende Konsequenz Sorgen, daß sowohl die wirtschaftlichen als auch die sozial ausgerichteten Reformvorschläge in mehr oder minder starkem Ausmaß Elemente enthalten, die grundlegende steuersystematische Anforderungen verletzen, die vor allem die angestrebte Gleichmäßigkeit des steuerlichen Zugriffs bewußt durchbrechen, um interventionistische Eigenschaften einer Steuer im Sinne der jeweiligen Zielsetzung besser nutzen zu können.

Die unabweisbare Aufgabe einer großen Steuerreform, die zwar seit 1950 permanent proklamiert wird, aber erst auf Teilgebieten realisiert worden ist, erfährt durch partielle, auf spezifische Ziele und Interessen ausgerichtete steuerliche Aktionen keine Antwort. Was auf steuerlichem Gebiet ordnungspolitisch notwendig ist, läßt sich nicht aus aktuellen — historisch: kurzfristigen — Ansprüchen an die Regierung ableiten.

Auch aus steuerrechtlichen Regelungen des Auslandes sind — ungeachtet der vielen Hinweise auf angeblich bessere Abschreibungsnormen, günstigere Familienbesteuerung, höhere Freibeträge usw. — direkt keine Ziele für die Steuerpolitik der Bundesrepublik zu gewinnen. Das ausländische Steuerrecht mag den Anstoß zu Erwägungen geben, ob es zweckmäßig sein könnte, diese oder jene Vorschrift des deutschen Rechts in adäquater

Weise neu zu fassen. Aber der stillschweigende Ausgangspunkt der am ausländischen Recht orientierten Reformvorschläge, das ausländische Steuerrecht wäre grundsätzlich dem deutschen Recht überlegen, dürfte bereits im Ansatz ein fehlerhaftes Argument bergen.

Außerdem wird aber oft auch noch übersehen, daß einzelne Vorschriften des Steuerrechts nur im Systemzusammenhang zu würdigen sind. So wäre es schlicht falsch, den Satz der Körperschaftsteuer in den USA mit dem Körperschaftsteuertarif in der Bundesrepublik vergleichen zu wollen, ohne den materiellen Systemunterschied zwischen der amerikanischen und der deutschen Körperschaftsteuer zu berücksichtigen. Noch mehr: Im Vergleich unter den Industrienationen differieren die jeweiligen Steuersysteme strukturell so stark, daß angebliche Vorteile gewisser Regelungen in einem Lande, die sich bei einer punktuellen Gegenüberstellung abzeichnen, bei einer Gesamtanalyse noch nicht einmal ausreichen müssen, um komparative steuerliche Nachteile dieses Landes auszugleichen. So bewirkt die generelle internationale Regelung, bei der Umsatzsteuer das Bestimmungslandprinzip, bei der Einkommen- und Körperschaftsteuer das Ursprungslandprinzip anzuwenden, im internationalen Handel immer eine Diskrimination derjenigen Länder, bei denen die direkten Steuern einen hohen, die Umsatzsteuern aber einen niedrigen Anteil am Gesamtsteueraufkommen einnehmen. Konkret: Ob in den USA unter rein wirtschaftlichen Aspekten günstigere steuerliche Verhältnisse als in der Bundesrepublik vorliegen, ist aufgrund der Strukturunterschiede der Steuersysteme beider Länder nicht zu sagen, da in den USA u. a. keine Mehrwertsteuer erhoben wird. Mithin erweist sich aber die nicht selten zu vernehmende Forderung, aus Wettbewerbsgründen müsse sich das deutsche Einkommensteuer- und Körperschaftsteuerrecht stärker an dem amerikanischen Recht ausrichten, als schlechthin dubios. Ziel der Steuerpolitik kann und darf es nicht sein, durch blindes Transferieren ausländischer steuerrechtlicher Normen das deutsche Steuersystem weiter zu zersplittern und zu komplizieren, mit der Folge, die ordnungspolitischen Aspekte vollends zu verfehlen, die mit einer Steuerreform doch eigentlich verfolgt werden sollen.

Ergebnis: Entgegen der von Interessen geprägten Intention, anläßlich einer Steuerreform belastungsmäßig zumindest den status quo ante zu sichern, nach Möglichkeit das Volumen der in Anspruch zu nehmenden Steuerbegünstigungen auszudehnen, muß das primäre Ziel einer Neuorientierung der Besteuerung, vor allem der Einkommensbesteuerung, darin gesehen werden, die „tax-base", die Grundlage der Besteuerung neu zu gestalten. Einerseits muß angestrebt werden, die Sonderregelungen abzubauen, die die Kompliziertheit des Steuerrechts mit ihren unerwünschten allokativen Verwerfungen verursachen. Auf der anderen Seite ist zu prüfen, ob durch Neuformulierung des steuerlichen Einkommensbegriffs und durch andere Maßnahmen der Zugriff der Besteuerung besser wirtschaftsordnungspolitischen sowie sozialen Ansprüchen angepaßt werden kann.

### Zur Neugestaltung des Einkommensteuertarifs

Sehr klare Umrisse weisen bereits jene Reformabsichten auf, die die Bundesregierung in den Jahren 1986 und 1988 in Kraft treten lassen will. Dieses Reformpaket enthält vor allem zwei Komponenten, nämlich die Tarifentlastung und die Neugestaltung des Familienlastenausgleichs.

Was die Tarifentlastung betrifft, so verfolgt die Bundesregierung mit ihr das Ziel, „die leistungshemmende Steuerbelastung im Zusammenhang mit Lohn- und Einkommenssteigerungen ... abzumildern" (Stoltenberg). Neben einer leichten Anhebung des Grundfreibetrages soll vor allem die Grenzbelastung in den Tarifabschnitten der direkten Progression nachhaltig gesenkt werden, wie in dem Schaubild 1 deutlich zu erkennen ist. Nach Auffassung der Bundesregierung kommt der Reformtarif — unter Wahrung verteilungspolitischer Anforde-

## Zur Neugestaltung des Einkommensteuertarifs

*Schaubild 1: Tarif 1981 und Tarif T 1 A (1988) im Vergleich*
(Steuerpflichtige ohne Kinder)

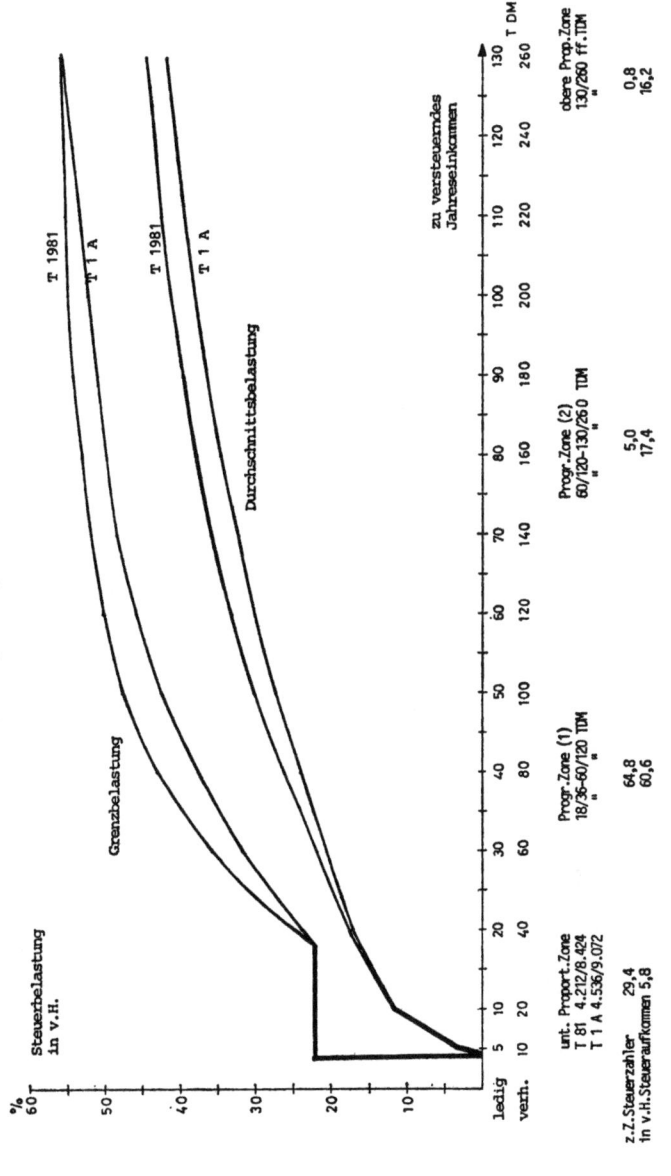

Quelle: BMF

rungen — insbesondere wachstumspolitischen Zielsetzungen nach. Er könne außerdem als ein bedeutsamer Schritt in Richtung auf einen linear progressiven Tarif angesehen werden, bei dem die Grenzsteuersätze im gesamten Progressionsbereich gleichmäßig ansteigen und mithin der sogenannte „Mittelstandsbauch" im Tarif beseitigt würde.

Unter Verzicht auf die Wiedergabe der traditionellen politischen Kontroversen, die sich gemeinhin an Tarifänderungen zu entzünden pflegen, sind vier kritische Punkte zur geplanten Tarifentlastung anzumerken.

(1) Was die Quantität der Entlastung betrifft, so kompensiert der — unter Einschluß der Maßnahmen zum Familienlastenausgleich — veranschlagte Rahmen von rund 20 Milliarden DM noch nicht einmal die seit dem Regierungswechsel angefallenen inflationsbedingten Mehreinnahmen der Einkommensteuer, die für die Periode von 1983 bis 1988 — nach Berechnungen des Rheinisch-Westfälischen Instituts für Wirtschaftsforschung[1] — voraussichtlich mit annähernd 36 Milliarden DM zu Buch schlagen. Allein auf den Zeitabschnitt ihrer Tätigkeit berechnet, zieht mithin auch diese Bundesregierung erhebliche finanzielle Vorteile aus der sogenannten „kalten Progression" der Einkommensteuer.

(2) Die angestrebte Linearisierung des Verlaufs der Grenzbelastung im Bereich der direkten Progression wird in ihren Auswirkungen erheblich überschätzt. Die positive Eigenschaft *durchgehend* linearer Tarife besteht allein darin, daß die Korrektur inflationsverursachter Mehrbelastungen recht einfach wäre. Allerdings wird die Einführung eines durchgehend linearen Tarifs gar nicht angestrebt, vielmehr sollen die „proportionalen" Eingangs- und Endstufen beibehalten

---

[1] Vgl. B. Fritzsche, U. Heilemann und H. D. von Loeffelholz, Was bringen die Pläne zur Steuerreform?, in: Wirtschaftsdienst, 64. Jg. (1984), S. 280.

werden. Andere Begründungen für eine Linearisierung des Tarifs überzeugen noch weniger. So verklären sich lineare Progressionstarife in den Augen vieler Politiker leicht zu gerechten Tarifen, was leider ein rührend anmutendes Fehlurteil darstellt. Eine Belastungsgerade ist nicht gerechter oder ungerechter als eine Belastungskurve, sondern sie kann — jenseits von allem ideologischen Ballast — vom Steuergesetzgeber oder vom Steuerpflichtigen bestenfalls als ästhetischer oder unästhetischer empfunden werden. Außerdem erscheint es sehr zweifelhaft, ob die Steigerungsrate der Grenzbelastung in den ökonomischen Kalkül der Pflichtigen eingeht, wie augenscheinlich der Gesetzgeber vermutet, oder ob ausschließlich die absolute Höhe der Grenz- und der Durchschnittsbelastung wirtschaftliche Relevanz beanspruchen kann.

Der Tarifvorschlag der Bundesregierung hat im übrigen zur Folge, daß bei Einkommen unter 50 000,— DM (Verheiratete) die unbeabsichtigten, allein inflationsbedingten Steuermehrbelastungen nicht ausgeglichen, bei höheren Einkommen jedoch überkompensiert werden.

(3) Linearisierung bewirkt nicht — wie häufig fälschlich vermutet — eine Abflachung der direkten Progression, sondern einen konstanten Anstieg der Grenzsteuersätze innerhalb des definierten Bereiches. Soll eine Abflachung der Progression erzielt werden, so ist entweder der höchste Grenzsteuersatz zu senken oder der Beginn der „proportionalen Endstufe" hinauszuzögern.

(4) Ungeachtet dieser Einwände ist aber selbstverständlich anzuerkennen, daß in weiten Bereichen die Grenz- und die Durchschnittsbelastung der Einkommensteuer kritische Werte erreicht hat. Die Flucht in die Schattenwirtschaft, die zweifellos auch auf zu hohe Belastungen der Pflichtigen zurückzuführen ist, beschreibt nur eine der unerwünschten Reaktionen auf die gegenwärtige Tarifgestaltung. Aus die-

ser Feststellung resultiert jedoch nicht notwendig die Konsequenz, tarifpolitische Maßnahmen ergreifen zu müssen.

Es ist zwar möglich und es ist auch nahezu in jeder Hinsicht zu rechtfertigen, inflationsbedingte Mehrbelastungen der Pflichtigen wieder zurückzuführen. Aber wenn über die Neutralisierung der kalten Progression hinaus tarifpolitische Operationen in Angriff genommen werden, stellt sich die Frage, ob es nicht weitaus dringender ist, erst die Bemessungsgrundlage der Einkommensteuer funktionsfähig zu machen und anschließend erst den Tarif neu zu gestalten. Die steuerlichen Vorschriften zur Ermittlung der Einkünfte und der Einkommen bewirken gegenwärtig nicht, daß — wohlgemerkt: wirtschaftlich — gleich hohe Einkommen unterschiedslos belastet werden. Gewisse Gruppen von Steuerpflichtigen haben vielmehr die Chance, sie begünstigende Vorschriften in Anspruch zu nehmen, die andere Pflichtige nicht nutzen können. Dabei bedarf es nicht des gern zitierten Lehrbuchbeispiels der Agrareinkommen, um die unterschiedliche steuerliche Behandlung verschiedener Einkunftsarten zu demonstrieren.

Einen weitaus interessanteren Sachverhalt, der weit mehr Pflichtige betrifft, bietet die steuerliche Behandlung von Soll-Zinsen. Zinsen, soweit sie keine Betriebsausgaben bzw. bei Hypotheken Werbungskosten darstellen, unterliegen der Einkommensteuer zunächst bei dem zur Zahlung verpflichteten Schuldner und dann — also ein zweites Mal — beim Gläubiger, bei dem die Zinsen als Erträge anfallen. Daraus resultiert die Empfehlung eines jeden Steuerberaters, Privatkäufe bar abzuwickeln, aber — falls erforderlich — geschäftliche Transaktionen über Kredite zu finanzieren, damit die Zinsen als Betriebsausgaben geltend gemacht werden können.

An diesem Punkt ist unmittelbar die schwere Verletzung des Gebots der steuerlichen Gleichbehandlung festzumachen. Steuerpflichtige, die keine Gewinneinkünfte beziehen, müssen den Schuldendienst nämlich stets aus versteuerten Einkommen leisten, werden also diskriminiert gegenüber allen anderen Pflichtigen, die Schuldzinsen als Abzugsposten geltend machen können. Dieses Beispiel zeigt, welche verkrusteten Verwerfungen heute die Bemessungsgrundlage der Einkommensteuer prägen. Und exakt dieser Sachverhalt drängt einige Fragen auf: Ist es vertretbar, wenn mit einer allgemeinen Tarifänderung ohne Reform der Bemessungsgrundlage für eine Gruppe von Pflichtigen steuerliche Privilegien fortgeschrieben und mithin für alle anderen Gruppen die bestehenden Diskriminationen beibehalten werden? Ist es wirklich vernünftig, Tarifoperationen auf einer Basis in Angriff zu nehmen, die dem Gebot der Gleichmäßigkeit der Besteuerung schlechthin spottet? Ist es nicht dringender, die disponible Finanzmasse zur Begradigung einer von Interessen zerfledderten Bemessungsgrundlage zu verwenden, um ein Fundament wiederzugewinnen, das Steuerpolitik — wohlgemerkt: eine der Wirtschafts- und Sozialordnung angemessene Steuerpolitik — überhaupt erst erlaubt?

Resultat: Änderungen des Steuertarifs bei unbegradigter Bemessungsgrundlage perpetuieren die Verwerfungen im Einkommensteuerrecht und beseitigen nicht die Mängel der Besteuerung.

## Aktuelle Fragen des Familienlastenausgleichs

Die Absichten der Bundesregierung, den Familienlastenausgleich neu zu gestalten, resultieren aus den Bestrebungen, diesen Ausgleich — soweit vertretbar — im Rahmen der Einkommensteuer vorzunehmen und allein akzidentiell Kindergeld zu gewähren. Die Pläne zur Neuordnung knüpfen mithin an die 1983 im Zuge der Konsolidierung getroffenen Maßnahmen an, mit denen das bis dahin vorherrschende Kindergeldsystem durch die Einführung von Einkommensgrenzen und die erneute Gewährung eines zunächst bescheidenen steuerlichen Kinderfreibetrages modifiziert wurde. 1986 soll in einem zweiten Schritt die Entlastung von Familien mit Kindern innerhalb der Einkommensteuer ausgebaut werden, freilich bei Beibehaltung des einkommensabhängigen Kindergeldes.

*Schaubild 2: Monatliche Entlastung durch Kinderfreibeträge und Kindergeld (Regelung für 1. Kinder) (Vorschlag BMF)*

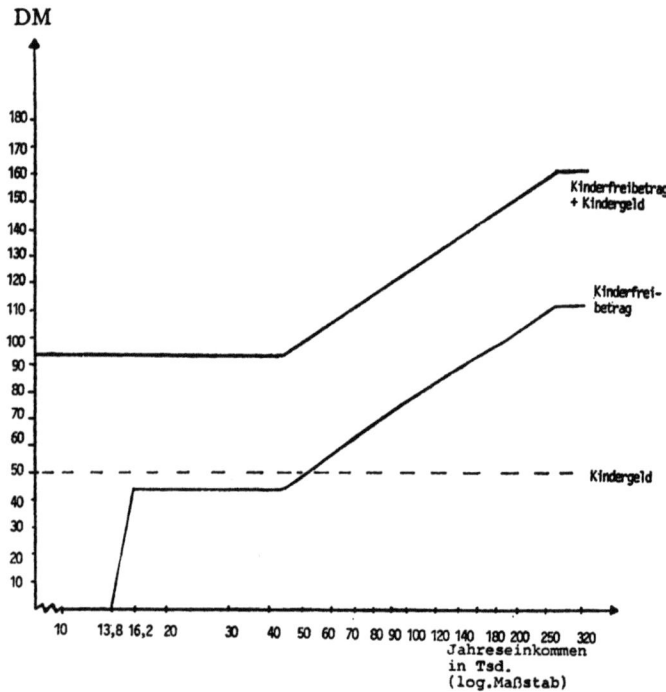

Erhebliche Probleme bereitet vor allem die Verzahnung der beiden Ausgleichssysteme, da (ab zweitem Kind) sowohl das Kindergeld als auch die steuerliche Entlastung von Familien durch Kinderfreibeträge einkommensabhängig gestaltet sind — allerdings jeweils in höchst unterschiedlicher Weise. Die Schaubilder 2 und 3 machen deutlich, daß der Verlauf der Entlastung von Familien mit Kindern, die durch den Gesamteffekt beider Systeme erreicht wird, höchst eigenwillig und wenig überzeugend geraten ist. Beim ersten Kind erhalten Eltern mit Spitzeneinkommen von über 260 000,— DM die höchste, Eltern mit einem Einkommen von unter 36 000,— DM die geringste Familienentlastung. Der Verlauf dieser Entlastungsfunktion läßt sich rechtfertigen, vor allem mit dem Argument, daß die steuerliche Leistungsfähigkeit von Pflichtigen, die Kinder haben, geringer sei als die steuerliche Leistungsfähigkeit von Pflichtigen ohne

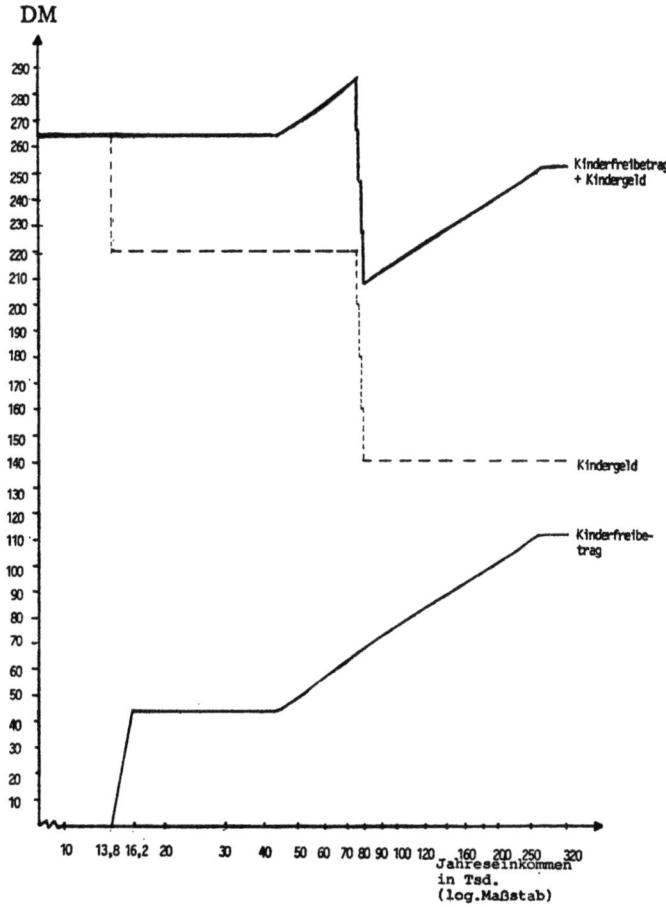

Schaubild 3: *Monatliche Entlastung durch Kinderfreibeträge und Kindergeld (Regelung für 3. Kinder) (Vorschlag BMF)*

Kinder. Deshalb müsse der die Leistungsfähigkeit mindernde Sachverhalt „Kinder" im Einkommensteuerrecht berücksichtigt werden, um die Belastung von Pflichtigen mit und ohne Kinder, die ein gleich hohes Familieneinkommen haben, entsprechend der unterschiedlichen wirtschaftlichen Leistungsfähigkeit zu differenzieren.

Diese Philosophie soll in der Bundesrepublik aber künftig nur für das erste Kind gelten. Schaubild 3 demonstriert einen völlig anderen Entlastungsverlauf, der für die dritten und weiteren Kinder repräsentativ ist. Hier sind überraschenderweise diejenigen Eltern am besten gestellt, die sich im Einkommensbereich um 75 000,— bis 79 000,— DM befinden. Der Unterschied im Entlastungsverlauf bei Erst- und bei Drittkindern kann sinnvoll nicht motiviert werden. Darüber hinaus muß ein grotesker Sprung in der Entlastung der Familien mit Drittkindern und weiteren Kindern bei Einkommen von rund 80 000,— DM toleriert werden, der sich dadurch ergibt, daß sowohl das Kindergeld als auch die steuerlichen Entlastungen unabhängig voneinander einkommensbezogen sind. In dem vorgesehenen Finanzrahmen und bei Anerkennung der Ziele der Bundesregierung wären weitaus bessere Lösungen anzugeben. U. a. würden solche Unstetigkeiten beseitigt, wenn die Familien — in Analogie zur gegenwärtigen Bausparförderung — ausschließlich ein Wahlrecht zwischen Kinderfreibeträgen im Einkommensteuerrecht oder Kindergeld zugesprochen erhielten. Indes, solche Wege stoßen auf den energischen Widerstand der Länder, die bei allen steuerlichen Lösungen — im Gegensatz zum Kindergeld — an der Finanzierung des Familienlastenausgleichs beteiligt sind. Außerdem zeichnen sich administrative Probleme ab, weil die Arbeitsverwaltungen für das Kindergeld, die Finanzverwaltungen hingegen für die Kinderfreibeträge zuständig sind.

Bei Würdigung der beiden Diagramme läßt sich der höchst subjektive Eindruck nicht verdrängen, daß diese Reform gegenüber der alten, bis 1982 geltenden Kindergeldregelung wohl keine Verbesserung bringt. Der außerordentlich diffizile Fragenkreis des Familienlastenausgleichs hat mit der anstehenden '86er Reform wohl auch noch keine abschließende Beantwortung gefunden. Welche Wege allerdings die Finanzpolitik auf diesem Felde künftig einschlagen wird, ist ungemein schwer einzuschätzen. Aufgrund von einschlägigen Entscheidungen des Bundesverfassungsgerichtes verfügt der Gesetzgeber bei der Gestaltung des Familienlastenausgleichs nur über eine eingeschränkte Freiheit der Wahl, aber gleichwohl sind von der Rückkehr zum ausschließlichen Kindergeldsystem bis zum Übergang vom Ehegatten- zum Familiensplitting zahlreiche Varianten einer Neuorientierung denkbar, die dem höchst unglücklichen Reformansatz von 1986 in nahezu jeder Hinsicht überlegen erscheinen.

## Besteuerung und Inflation

Einen geradezu strategischen Punkt einer systematischen Steuerreform bietet die Vermeidung inflationsbedingter Steuermehrbelastungen. Der Zusammenhang ist einfach: Da die progressiv gestaltete Einkommensteuer an das nominelle Einkommen anknüpft, führt jede nominelle Einkommenserhöhung, der kein gleich hoher realer Einkommenszuwachs entspricht, nicht nur zu absolut, sondern auch zu relativ höheren Steuerzahlungen. Dieser Sachverhalt wird meist einfach und bündig als kalte Progression der Einkommensteuer bezeichnet. Die Wirkungen sind offensichtlich: Das Einkommen eines Arbeiters wird heute nicht mehr mit dem für ihn ursprünglich vorgesehenen Steuersatz, sondern mit einem Satz belastet, der früher für das Einkommen eines Meisters vorgesehen war. Der Meister wird wie ein Abteilungsleiter, und der Abteilungsleiter wie ein Direktor steuerlich behandelt. Außerdem ändern sich bei inflationären Prozessen die Vermögenswerte, so daß insbesondere bei den bilanzierenden Pflichtigen Scheingewinne entstehen. An die Regierungen zu appellieren, sie sollten die innere Geldwertstabilität garantieren, mag ebenso richtig wie wichtig sein; das steuerliche Problem beantworten solche Appelle jedoch nicht, wenn Regierungen und Notenbanken de facto auch in Zukunft unfähig sind, inflationäre Prozesse auszuschließen. Und von diesem Zustand muß leider ausgegangen werden.

Eine Aufgabe der grundsätzlichen Neuordnung von Steuern bestände folglich darin, Verfahren zu institutionalisieren, die inflationsbedingte Steuermehrbelastungen nach Möglichkeit vermeiden. Der dabei vielleicht zu erwartende Nebeneffekt, der schleichenden Zunahme der Staatsquote mittels Beschränkung des staatlichen Einnahmezuwachses Einhalt bieten zu können, kennzeichnet die besondere Bedeutung dieser Aufgabe.

Als Alternative einer generellen gesetzlichen Neuregelung kommen einerseits Indexierungen und andererseits Anpassungsauflagen diskretionärer Art in Betracht, wie sie z. B. in der Schweiz, in Frankreich oder in Luxemburg gelten. Eine Indexklausel sichert kontinuierlich die Einhaltung der vom Gesetzgeber beabsichtigten Realbelastung der Pflichtigen. Verfahren, die mit Indexklauseln arbeiten, scheinen auf den ersten Blick recht kompliziert zu sein, da sie zusätzliche Rechenoperationen zur Ermittlung der Realeinkommen und zur Festlegung der realen sowie der nominellen Steuerschuld erfordern. Tatsächlich können diese Bedenken zurückgestellt werden, da die erforderlichen Operationen mit Hilfe der EDV in den Griff zu bekommen sind. Dennoch stößt die Indexierung der Einkommensteuer auf schwerste Einwände. Die Einführung von Indexklauseln in einem zentralen steuerlichen Bereich öffnet unweigerlich die Schleusen für Indexierungen in anderen Sektoren. Die Erfahrungen, die z. B. in Italien mit indexierten Löhnen gemacht wurden, laden wahrlich nicht zur Nachahmung ein.

Vor allem aus dem eben genannten Grunde ist die Alternative vorzuziehen. Sie bestände in einer gesetzlich fixierten Auflage — in der Schweiz besitzt sie sogar Verfassungsrang —, nach der die Regierung verpflichtet ist, bei Veränderungen des Preisindexes um einen bestimmten Vonhundertsatz die Steuergesetze zu überprüfen und Vorschläge zum Ausgleich der „kalten Steuerprogression" zu unterbreiten. Eine derartige Vorschrift hätte nicht nur den Vorteil größerer Elastizität, sondern sie erlaubt auch uno actu die dem Tarif analogen Sachverhalte — wie vor allem die Freibeträge — zu überprüfen und weitere Maßnahmen zu treffen.

Weitergehend ist das Verlangen, die inflationsbedingten Veränderungen der Vermögenswerte in den steuerlichen Ausgleichskalkül einzubeziehen. Der Fragenkreis deckt sich zu einem guten Teil mit den Problemen einer Vermeidung der Besteuerung von Scheingewinnen, er schließt jedoch auch — wie einschlägige Klagen vor dem Bundesverfassungsgericht zeigen — unter anderem den Komplex der Vermeidung einer Besteuerung nominaler Kapitaleinkünfte ein. Das Dilemma des Steuergesetzgebers ist in diesen Fällen von übereinstimmender Art. Die Inflation trifft stets den Gläubiger und begünstigt entsprechend immer den Schuldner. Folglich müssen entweder die höchst unterschiedlichen Folgen des Nominalprinzips von Gläubigern und Schuldnern ohne Ausgleich akzeptiert werden oder der Fiskus entlastet den leidgeprüften Gläubiger und belastet entsprechend den Schuldner um so höher.

Da der zweite Weg schlechthin mit der nominalen Wirtschaftsrechnung kollidiert, ist der Steuergesetzgeber wohl gehalten, die inflationär bedingten Änderungen der Vermögenswerte auf beiden Seiten zu ignorieren. Deshalb sind die Bestrebungen, bei der Besteuerung der Unternehmen die Maxime der realen Kapitalerhaltung voll anzuerkennen, ebenfalls nicht überzeugend. Die geltenden Vorschriften zur Einschränkung der Besteuerung von Scheingewinnen verhindern zwar den steuerlichen Zugriff auf Scheingewinne nicht total, sie bilden aber vielleicht einen Kompromiß, der unter Abwägung aller Argumente als tragfähig qualifiziert werden darf.

### Reform der Einkommensteuer-Bemessungsgrundlage

Die wichtigsten Vorschläge zu einer Steuerreform konzentrieren sich auf Fragen einer neuen Bestimmung oder zumindest einer Bereinigung der Bemessungsgrundlage der Einkommensteuer. Erwartete Steuermehreinnahmen sollen dabei zu allgemeinen Senkungen des Steuertarifs verwandt werden. Allerdings differieren die Vermutungen über das Ausmaß des zu erzielenden Steuermehraufkommens außerordentlich stark. Vorsichtige Schätzungen gehen von höchstens 40 Milliarden DM aus, optimistische Prognosen liegen hingegen bei annähernd 200 Milliarden DM. Derartige Unterschiede erklären sich vornehmlich aus recht subjektiven Urteilen darüber, ob bestimmte Sachverhalte als Steuervergünstigungen oder ob sie als systemimmanente Elemente verstanden werden sollen. Wer das Splitting des Einkommensteuerrechts als Steuerbegünstigung begreift, gelangt selbstverständlich zu einem anderen Resultat als derjenige, der das Splitting als sachdienliches oder gar verfassungsrechtlich gebotenes Verfahren betrachtet. Sollte keine sehr weite Neudefinition des Einkommensbegriffes — etwa im Sinne der Schanz'schen Reinvermögenszugangstheorie — erfolgen, dürfte der untere Wert der Schätzung — 40 Mrd. DM Mehraufnahmen — schon als ein außerordentlich ehrgeiziges und anspruchsvolles quantitatives Ziel einer Steuerreform gewertet werden. Gemessen am Finanzvolumen des Steuerpaketes 1986/88 bilden allerdings 40 Mrd. DM wiederum eine recht interessante Größenordnung. Der zunächst extrem anmutende Gedanke, die Einkommensteuer durch eine direkte Verbrauchsteuer zu ersetzen und die Ersparnisse erst später, nämlich anläßlich der Übertragung der zwischenzeitlich gebildeten Vermögen an Dritte, durch eine Nachlaßsteuer zu erfassen, ist an dieser Stelle einzuordnen. Diese Anregung zu einer sehr grundlegenden Neugestaltung des Steuersystems, die in der finanztheoretischen Literatur rege Beachtung gefunden hat, soll einen allokativen Nachteil der Einkommensteuer heilen: Der Einkommensteuer unterliegen nicht nur die Ersparnisse, sondern auch die auf die Ersparnisse entfallenden Zinsen, so daß über die Perioden hinweg eine Doppelbelastung eintritt. Unter dem Aspekt der Kapitalbildung — und daraus abgeleitet: des Wirtschaftswachstums — hat diese Doppelbelastung anscheinend unerwünschte Auswirkungen.

Auf die vielfältigen Probleme dieses Lösungsvorschlags kann nicht näher eingegangen werden. Es genügt die Bemerkung, daß neben allen Bedenken, die aufgrund steuertechnischer Schwierigkeiten bei der Realisierung des Planes zu erwarten sind, schwerwiegende Einwände gegen das Konzept bestehen. Die allokationstheoretische Begründung ist umstritten, u. a. aus dem Grunde, weil in ähnlicher Weise eine Doppelbelastung im Hinblick auf den Konsum konstatiert werden kann. Die Parallele liegt auf der Hand: Der Konsum bildet eine notwendige Voraussetzung zur Erhaltung des Produktionsfaktors Arbeit und damit zur Erhaltung des Lohnes. Unter Verteilungsgesichtspunkten dürfte eine direkte Verbrauchsbesteuerung kaum akzeptabel sein; und die im System vorgesehene Nachlaßbesteuerung wirkt sich wiederum verzerrend auf die Wettbewerbsbedingungen aus, da sie die Unternehmen in ganz unterschiedlicher Weise trifft. Von einer Nachlaßsteuer werden personengebundene Unternehmen unmittelbar belastet, jedoch bleiben Publikumskapitalgesellschaften von ihr verschont. Die dadurch provozierte Tendenz zur wirtschaftlichen Konzentration kann durch flankierende steuerliche Maßnahmen sachgerecht nicht aufgefangen werden, so daß das Projekt die marktwirtschaftliche Ordnung bedrohen würde.

Wichtige Anstöße zu einer Reform der Einkommensteuer gehen aber von einer Überprüfung des steuerlichen Einkommensbegriffs aus. Das geltende Einkommensteuerrecht hat bislang von einigen Dimensionen kaum Kenntnis genommen, die die wirtschaftlichen wie die sozialen Verhältnisse in der Bundesrepublik mitprägen und die die individuelle Leistungsfähigkeit der Zensiten in recht unterschiedlicher Weise beeinflussen. Auf solche Sachverhalte beziehen sich auch jüngere Entscheidungen des Bundesverfassungsgerichtes, die den Gesetzgeber mit der Auflage beschweren, eine Neuordnung der steuerlichen Vorschriften in Angriff zu nehmen.

Unbefriedigend ist insbesondere die steuerliche Behandlung von Einkommenstransfers geregelt. Die Mängel sind am konkreten Fall einfach zu belegen. Nach Gesetz haben bedürftige Eltern Unterhaltsansprüche gegenüber ihren Kindern oder nach höchstrichterlicher Entscheidung haben studierende Kinder Unterhaltsansprüche gegenüber ihren Eltern. In der politischen Diskussion taucht sogar der Gedanke auf, die Anspruchsgrundlage auf den rangfolgenden Verwandtschaftsgrad auszudehnen. Eindeutig liegen hier Sachverhalte der Einkommensübertragung vor. Der Unterhaltsverpflichtete wird rechtlich gezwungen, Unterhaltszahlungen zu leisten, also auf Teile seines Einkommens gegen den eigenen Willen zu verzichten, aber der Steuergesetzgeber nimmt von solchen Rechtsakten überraschenderweise kaum Kenntnis — abgesehen von einem Sonderfall: Der unterhaltsverpflichtete geschiedene oder dauernd getrennt lebende Ehegatte kann im Hinblick auf die steuerliche Behandlung der Unterhaltsleistungen unter Umständen die Vorschriften zum sog. Realsplitting in Anspruch nehmen. Für alle anderen Konstellationen gelten — wenn überhaupt — nur systematisch verfehlte und quantitativ unzureichende Regelungen, die im § 33a EStG ihren Niederschlag gefunden haben.

Der Verdacht, zuweilen fänden schizophrene Elemente Eingang in die Gesetzgebung, ist nicht ganz von der Hand zu weisen. Ist es wirklich zulässig, daß der allgemeine Gesetzgeber — doch wohl nach reiflichem Erwägen — einzelnen Bürgern zuweilen schwere Unterhaltspflichten aufbürdet und der entscheidungsidentische Steuergesetzgeber den gleichen Sachverhalt ignoriert?

Wäre der Vorgang eine isolierte Randerscheinung, könnte er ohne weiteren Kommentar auf die Reparaturliste notwendiger Einkommensteuerreformen gesetzt werden. Tatsächlich bildet er nur einen kleinen Ausschnitt aus einem viel umfassenderen Komplex. Hinzuweisen ist zunächst darauf, daß jüngst mehrfach in der rechts- und finanzwissenschaftlichen Literatur die interessante Auffassung vertreten wurde, der Sonderfall des

Realsplittings, der bei geschiedenen oder dauernd getrennt lebenden Ehegatten eine steuerliche Entlastung im Hinblick auf die Unterhaltszahlungen bewirken kann, müsse zu einer allgemeinen Lösung der Transferbeziehungen entwickelt werden. Entsprechend wird in dem Konstrukt des Realsplittings auch der Schlüssel zur Lösung des Familienlastenausgleichs gesehen.

Die Problematik der steuerlichen Behandlung von Einkommensübertragungen umspannt allerdings noch weitere Sachverhalte. Die Vorgänge sind von einer solchen politischen, ökonomischen und sozialen Brisanz, daß sie nicht aus den Reformüberlegungen eliminiert werden können, zumal das Bundesverfassungsgericht mit seiner Entscheidung vom 20. März 1980 das Erfordernis einer Neuordnung der Besteuerung eines wichtigen Bereichs der Einkommensübertragung anerkannt hat, nämlich die Besteuerung von Alterseinkommen. An dieser Stelle treten wieder die schweren Mängel der gegenwärtigen Einkommensbesteuerung klar zutage.

Zunächst: Vorsorgeaufwendungen, insbesondere Beiträge zu den gesetzlichen Versicherungen, gelten bis zu einem Höchstbetrag als abzugsfähige Sonderausgaben. Wie die Tabelle ausweist, sind aber noch nicht einmal die Zwangsbeiträge zu den gesetzlichen Versicherungen in allen Fällen voll abzugsfähig. Was bedeutet das? Faktisch unterliegt bei allen Einkommen, die wenigstens die Höhe der Beitragsbemessungsgrenze erreichen, jede zusätzliche Mark, die an Sozialversicherungsbeiträgen geleistet werden muß, auch noch voll der Einkommensteuer, so daß diese Einkommensteile doppelt belastet werden. Selbst bei Durchschnittseinkommen übersteigen die Sozialversicherungsbeiträge nicht selten den Höchstbetrag der Sonderausgaben. Das Ergebnis ist fatal: Der durch die Sozialversicherungsbeiträge beim Pflichtigen zwangsweise bewirkte Einkommensentzug ist nämlich — in mehr oder weniger großem Umfange — gleichwohl noch Gegenstand der Einkommensteuer. Ledige — und Analoges gilt für berufstätige Ehepaare — mußten (1983) bis zu 62,5 v. H. ihrer zwangsweise erhobenen Sozialversicherungs-

*Steuerliche Berücksichtigung der Sozialabgaben bei ausgewählten Jahresarbeitsentgelten und verschiedenen Familienständen (1983)*

| Jahres-arbeits-entgelt | Arbeit-nehmeranteil zur Sozial-versicherung | Ledige ohne Kinder | | darunter steuerlich abzugsfähig bei | | | | |
|---|---|---|---|---|---|---|---|---|
| | | | | Verheiratete[1] ohne Kinder | | Verheiratete[1] mit 2 Kindern | | |
| DM | DM | DM | in v.H. zu Sp. 2 | DM | in v.H. zu Sp. 2 | DM | in v.H. zu Sp. 2 |
| 1 | 2 | 3 | 4 | 5 | 6 | 7 | 8 |
| A) bei durchschnittlichen Jahresarbeitsentgelten | | | | | | | |
| 34 464 | 5 859 | 3 510 | 59,9 | 5 859 | 100,0 | 5 940* | 101,4 |
| B) bei Jahresarbeitsentgelten, die 30 v.H. über den Durchschnittseinkommen liegen | | | | | | | |
| 44 805 | 7 617 | 3 510 | 46,1 | 7 100 | 94,0 | 7 617 | 100,0 |
| C) bei Jahresarbeitsentgelten in Höhe der jeweiligen Beitragsbemessungsgrenze in der gesetzlichen Rentenversicherung der Angestellten | | | | | | | |
| 60 000 | 9 300 | 3 510 | 37,7 | 7 290 | 78,4 | 8 262 | 88,8 |

[1] Alleinverdiener. — * In Höhe der Vorsorgepauschale, die zu einem höheren Sonderausgabenabzug als die Sozialabgaben führt.

*Quelle*: K. Littmann, Besteuerung der Alterseinkommen, in: Sachverständigenkommission Alterssicherungssysteme, Berichtsband 2, 1983, S. 457.

beiträge zusätzlich auch noch voll versteuern, ohne daß sie ein individuelles Vermögen erwarben oder auch nur die Gewißheit hatten, daß sie später eine Leistung der gesetzlichen Versicherung, z. B. einen Rentenanspruch wahrnehmen werden. Bereits dieser Sachverhalt, der offensichtlich engste Verwandtschaft mit dem Phänomen der Erhebung von Steuern auf Steuern aufweist, löst verfassungsrechtliche Bedenken aus.

Die steuerliche Gleichbehandlung wird allerdings definitiv auf das schwerste verletzt, weil größere soziale Gruppen den gleichen steuerlichen Rahmen für Vorsorgeaufwendungen ausnützen können wie sozialversicherungspflichtige Arbeitnehmer, obschon sie keine Beiträge zur Arbeitslosenversicherung und zur Rentenversicherung leisten müssen, aber gleichwohl gegenüber diesen Lebensrisiken abgesichert sind. Zu den Privilegierten zählen zum Beispiel die Beamten, Richter und Soldaten oder die „Nur-Hausfrauen".

So unsystematisch und so ungleichmäßig die steuerliche Behandlung von Vorsorgeaufwendungen geregelt ist, so unbefriedigend fällt auch die spätere Besteuerung von Transferzuflüssen aus. Allein bezogen auf die Alterssicherung ergibt sich folgendes Bild: Die Rentenzahlungen sind unabhängig davon, ob die Beiträge ganz oder nur teilweise im Rahmen der Sonderausgaben entlastet worden sind, formal steuerpflichtig, sie werden aber im allgemeinen de facto nicht belastet, weil die hier greifende Ertragsanteilsbesteuerung den Beginn der Steuerzahlungen weit hinausschiebt. Bei einem Renteneintrittsalter von 65 Jahren muß zum Beispiel ein verheirateter Sozialrentner frühestens dann Steuer entrichten, wenn seine Altersbezüge 46 683,— DM übersteigen. M. a. W., diese Einkommensübertragungen zur Alterssicherung bleiben überwiegend steuerlich verschont. Insgesamt zeichnet sich damit das Ergebnis ab, daß ein Teil der Rentner sowohl bei der Aufbringung als auch bei dem Empfang der Transferleistungen unbesteuert bleibt, andere Rentnergruppen jedoch einen Teil ihrer Zwangsbeiträge versteuern müssen und schließlich eine dritte Gruppe sowohl Beiträge als auch Renten teilweise der Steuer zu unterwerfen hat. Die Pensionäre, also die Bezieher von Ruhestandsbezügen, müssen zwar keine Vorsorgeaufwendungen leisten, können gleichwohl aber Vorsorgeaufwendungen im Rahmen der Höchstbeträge geltend machen, sie müssen jedoch ihre Versorgungsbezüge versteuern, erhalten aber einen Freibetrag von 4800,— DM zusätzlich eingeräumt.

Der Ausfall im Steueraufkommen, der durch die faktische Nichtbesteuerung oder Teilbesteuerung dieser Einkommenstransfers entsteht, liegt — je nach Berechnungsansatz — zwischen mindestens 15 und weit über 30 Milliarden DM. Doch das fiskalische Argument ist nicht ausschlaggebend, wenn gefordert wird, in diesem Bereich neue Verhältnisse zu schaffen. Auf der einen Seite verlangt die in jeder Hinsicht bedenkliche Doppelbelastung eines Teils der Sozialversicherungspflichtigen Abhilfe. Es ist nicht zu begründen, daß die Sozialversicherungsbeiräge auch noch der Einkommensteuer unterliegen. Da in Zukunft mit einer Erhöhung der Beitragssätze sowie mit beachtlichen Aufstockungen der Beitragsbemessungsgrenzen in der Sozialversicherung zu rechnen ist, macht sich der Mangel immer stärker bemerkbar. Die Ungleichbehandlung nimmt zu, wodurch auch Produktivitätsgesichtspunkte tangiert werden. Die Gesamtbelastung durch Steuern und durch Sozialversicherungsbeiträge, die die unteren und mittleren Führungskräfte in der Industrie zu tragen haben, straft schlechthin jeglichen Leistungswillen.

Auf der anderen Seite erfordert das verfassungsrechtliche Gleichbehandlungsgebot eine Neuordnung der Besteuerung von Altersbezügen. Die Neuordnung erscheint jedoch vor allem deswegen unerläßlich, weil sie eine entscheidende Bedingung für die vermutlich wichtigste Option zur Erhaltung der finanziellen Stabilität der bestehenden Alterssicherungssysteme abgibt.

Der sich deutlich abzeichnende demographische Strukturwandel beschwert in absehbarer Zukunft alle Systeme der Alterssicherung, auch das System der Beamtenversorgung. Um die drohenden Entwicklungen beherrschbar zu machen, sind zahlreiche Vorschläge entwickelt worden, allerdings überzeugen nur wenige Anregungen. Zu ihnen gehört der Gedanke, nach Abbau der Arbeitslosigkeit, der zu Beginn der 90er Jahre erfolgt sein dürfte, zur Sanierung der Alterssicherungssysteme den gegenwärtigen Trend einer Verkürzung der Lebensarbeitszeit umzukehren.

Ob eine erneute Verlängerung der Lebensarbeitszeit, die die finanzielle Bedrängnis der Versicherer über Verbesserungen auf der Einnahme- und auf der Ausgabenseite lockern könnte, ohne eine Kürzung der täglichen Arbeitszeit älterer Arbeitnehmer zu erreichen ist, darf im Augenblick als ungeklärt gelten. Verschiedene Gründe lassen es jedoch recht wahrscheinlich werden, daß Lösungen des Komplexes weitaus leichter zu erreichen sind, wenn Kombinationen zwischen Teilzeitarbeit und Teilrente für ältere Arbeitnehmer gestattet würden. Abgesehen von notwendigen Reformen des Sozialversicherungsrechtes beruhen solche Erwägungen allerdings auf der Voraussetzung, daß Erwerbseinkommen und Alterseinkünfte in der Tendenz steuerlich unterschiedslos behandelt werden. Wird die Bedingung verletzt, bleiben die Renten weiterhin faktisch steuerfrei, dann ist mit Sicherheit zu erwarten, daß dieser Weg einer Sanierung der Rentenfinanzen keine Erfolgsaussichten hat, weil die Versicherten bei Erreichen der Altersgrenze selbstverständlich in die Steueroase, also in die Rente drängen, und nicht willens sein dürften, eine Teilzeitarbeit zu übernehmen, da allein die Löhne — im Unterschied zur Rente — steuerlich hoch belastet wären.

Im Ergebnis führen solche Erwägungen zu Lösungsmodellen, bei denen allein Beiträge zur gesetzlichen Alterssicherung in voller Höhe als Sonderausgaben geltend gemacht werden dürfen, d. h. das zu versteuernde Einkommen ist in den Perioden der Erwerbstätigkeit um die Beitragszahlungen nach unten zu korrigieren. Korrespondierend muß dann der Transferzufluß, also der Bezug von Renten der normalen Besteuerung unterworfen werden.

Eine Reform der Besteuerung von Transfers, namentlich von Alterstransfers ist mithin notwendig, um der Politik einen möglichst großen Gestaltungsspielraum zur Bewältigung einer der wichtigsten und schwierigsten Aufgaben zu schaffen, die während der nächsten Jahrzehnte unweigerlich gelöst werden müssen. Es wäre fatal, wenn die Besteuerung der Transfers — aus sozialpolitischer Kurzsichtigkeit — ein Tabu bildete: Das Elend der Steuerpolitik würde nicht nur prolongiert, sondern es würde auch erheblich verschärft werden.

### Zur Aufhebung dirigistischer Sondervorschriften

Das politisch schwierigste Kapitel einer Steuerreform enthält wissenschaftlich recht wenig Stoff: Die Bereinigung der Einkommensteuerbemessungsgrundlage von den unzähligen Sondervorschriften, die die Einkommensteuer zu einem — auch vom Gesetzgeber, von der Finanzverwaltung und den Pflichtigen — kaum mehr durchschaubaren Knäuel von Begünstigungen und Benachteiligungen werden lassen. Die Forderung, hier Remedur zu schaffen, und nicht etwa bei den kleinen Bagatellsteuern, die im Grunde genommen nicht mehr als einen argen Schönheitsfehler abgeben, klingt immer gut und findet von allen Seiten Beifall. Größere Erfolge bei der Umsetzung der Forderung in praktische Politik sind jedoch nicht bekannt.

Unter Verzicht auf eine Liste reformverdächtiger Regelungen mag als pars pro toto die Vorschrift des § 10 Abs. 1 Nr. 3 EStG als Demonstrationsobjekt dienen. Nach dieser Vorschrift können Beiträge an Bausparkassen im Rahmen der zulässigen Höchstbeträge als Sonderausgaben geltend gemacht werden. Die steuerliche Förderung des Bausparens mag gewiß in der Vergangenheit, insbesondere in den Jahren des Wiederaufbaus durchaus zu rechtfertigen gewesen sein. Doch prinzipiell ist es schwer zu verstehen, weshalb das Bausparen als förderungswürdig herausgehoben wird, hingegen Kontensparen oder Wertpapiersparen als nicht förderungswürdig gelten. Die künftigen demographischen Entwicklungen berücksichtigend, erscheint es ökonomisch und sozial sogar geradezu verfehlt, wenn der Steuergesetzgeber trotz des in absehbarer Zeit vermutlich erheblich reduzierten Wohnungsbedarfs weiterhin die traditionellen Maßnahmen zur Förderung des Wohnungsbaus unangetastet bestehen läßt oder sie sogar — wie § 7b EStG — ausweitet.

Kein Zweifel, eine solche Kritik stößt immer auf den heftigen Protest derjenigen, die wirtschaftliche Vorteile aus den steuerlichen Begünstigungen ziehen oder zumindest doch zu ziehen meinen. Nahezu ausnahmslos können die Begünstigten auch Gegenargumente vortragen, denen zuweilen eine gewisse Folgerichtigkeit nicht abzusprechen ist. So dürften die Bausparkassen in der Tat in einen Strudel schwieriger Probleme der Abwicklung aller noch nicht zugeteilten Verträge geraten, wenn als Konsequenz des Fortfalls bisher gewährter Begünstigungen das Volumen der Neuabschlüsse stagnieren oder schrumpfen sollte. Wirtschaftspolitisch wäre es jedoch gefährlich und finanzpolitisch sogar völlig verfehlt, einmal gewährte steuerliche Begünstigungen aufgrund derartiger Argumente für alle Zeiten fortzuschreiben. Diese Philosophie zur Begründung steuerlicher Subventionen verdient allein ein Prädikat, nämlich das der Wachstumsfeindlichkeit. Es könnte jedoch sein, daß es in gewissen Fällen, möglicherweise auch im Fall des Bausparens, ökonomisch zweckmäßig sein dürfte, einen angemessenen Zeitraum für notwendige Anpassungsvorgänge zu konzedieren.

Unglücklicherweise haben jedoch solche punktuellen Maßnahmen wie eine Aufhebung von § 10 Abs. 1 Nr. 3 EStG u. U. erhebliche Folgen. Wenn die steuerliche Begünstigung des Bausparens entfiele, dann läge es recht nahe, daß Bauwillige nach anderen Wegen der Baufinanzierung suchen. Dabei würden sie gewiß auch eine interessante Alternative entdecken. Eine nach § 10 EStG ebenfalls begünstigte Lebensversicherung könnte z. B. die Grundlage für die Aufnahme einer Hypothek abgeben. Die Aufhebung der steuerlichen Bausparbegünstigung hätte dann allein einen Substitutionseffekt ausgelöst, und zwar zum Nachteil der Bausparkassen und zum Vorteil der Lebensversicherungen. Um solche Vorgänge zu vermeiden, ist es erforderlich, auf breiter Basis die Auswirkungen von Steuerrechtsänderungen zu analysieren und auf ihre Erwünschtheit zu überprüfen.

Aus dieser Feststellung ist eine weitere Bedingung für den Erfolg von Steuerreformen zu gewinnen. Jede Neuordnung der Besteuerung — und dies gilt in hervorragendem Maße gerade für die schwierige Aufgabe einer Bereinigung der Bemessungsgrundlage der Einkommensteuer — muß an einer einheitlichen Konzeption ausgerichtet werden, die verbindliche Markierungen setzt. Nur unter dieser Prämisse erscheint es im übrigen möglich, den von der Reform Betroffenen Übergangsregelungen einzuräumen, die ihnen die Umstellung auf die neuen steuerlichen Daten erleichtern.

### Sonderproblem der Gewinnbesteuerung

Wirtschaftspolitisch begründete Anforderungen an eine Steuerreform spielen in der jüngeren Diskussion eine herausragende Rolle. Die Anregungen laufen in der Tendenz überwiegend darauf hinaus, die spezifischen steuerlichen Belastungen der Gewinne zu mildern, indem entweder die Tarife der Gewinnsteuern, namentlich der Körperschaftsteuer, merklich gesenkt oder/und die Abschreibungsmodalitäten beim Anlagevermögen großzügig ausgelegt werden.

Wie bereits einleitend erwähnt, beruhen diese Empfehlungen primär oftmals nicht auf der Intention, einen systematischen Fehler im deutschen Einkommensteuerrecht ausmerzen zu wollen, sondern sie erhalten meist ihren Anstoß aus Erfahrungen, die tatsächlich oder angeblich im Ausland gewonnen wurden. Die in den Vorschlägen mitschwingende Hoffnung, mittels massiver steuerlicher Entlastung der Gewinne sei langfristig eine höhere Wachstumsrate zu erreichen, ist verständlich, aber nicht erwiesen. Mit wirtschaftshistorischen Erfahrungen —

mögen sie in Deutschland oder im Ausland gewonnen sein — lassen sich solche Vermutungen nicht belegen. Übereinstimmung besteht allerdings in folgendem Punkt: Die Steuerpolitik sollte die Entscheidungen der Unternehmen nicht hemmen, die dem wirtschaftlichen Wachstum Rechnung tragen; aber die Steuerpolitik ist andererseits kaum in der Lage, jene strukturellen Prozesse voranzutreiben, die eine Bedingung des wirtschaftlichen Wachstums abgeben. Daher wäre die Politik gut beraten, wenn sie die Erfolgsaussichten einer — wie auch immer gearteten — interventionistischen Steuerpolitik nicht allzu optimistisch veranschlagt.

Ein Bündel von Vorschlägen zielt darauf ab, die steuerliche Belastung der Gewinne zu mildern, indem — in Anlehnung an das britische Vorgehen — der Satz der Körperschaftsteuer energisch gesenkt werden soll, z. B. auf wenigstens 49 %. Die Personalunternehmen würden zwar dann im Zweifel dem höheren Einkommensteuertarif unterworfen bleiben, aber ihnen sollte zum Ausgleich eine Steuerbegünstigung für einbehaltene Gewinnteile eingeräumt werden.

Dieser Gedanke weist einige bestechende Züge auf, bei eingehender Prüfung überwiegt jedoch die Skepsis im Urteil, obschon eine allgemeine Senkung des Spitzensteuersatzes der Einkommensteuer und Körperschaftsteuer unter ökonomischen Aspekten positiv zu würdigen ist, nach dem Fortfall der Investitionshilfeabgabe allerdings politisch als schwer durchsetzbar betrachtet werden dürfte. Welche Bedenken sind gegen den Vorschlag vorzutragen, den Körperschaftsteuersatz zu senken und einbehaltene Gewinne von einkommensteuerpflichtigen Unternehmen zu begünstigen? Die Körperschaftsteuerreform hat 1975 die unterschiedliche steuerliche Behandlung der Unternehmen nach ihrer Rechtsform endlich nahezu beseitigt. Der hier diskutierte Vorschlag konterkariert aber schlicht die damalige Intention der Neuordnung des Körperschaftsteuerrechts. Außerdem wird kein Nexus geschaffen, der eine verstärkte reale Investitionstätigkeit der Unternehmen auslöst. Und schließlich ist auch die Verfassungsmäßigkeit einer steuerlichen Vorschrift, die ausschließlich die Gewinne begünstigen würde, durchaus umstritten.

Interessanter erscheinen Erwägungen, die darauf abzielen, die Abschreibungsmodalitäten großzügiger zu regeln, nach Möglichkeit Sofortabschreibungen zuzulassen. Die Erfahrungen, die während der 30er Jahre in Schweden und in jüngster Vergangenheit in Großbritannien gesammelt wurden, sprechen jedoch recht eindeutig auch gegen solche Anregungen. Beide Staaten haben nämlich die Abschreibungsfreiheiten nach kurzer Zeit wieder eingeengt, um weiteren konjunkturellen und ordnungspolitischen Fehlentwicklungen vorzubeugen. Unstrittig ist auf jeden Fall, daß die Instabilität des Wirtschaftsablaufes mit der Einräumung von Abschreibungsfreiheiten ungemein zunimmt, weil in Phasen der konjunkturellen Überhitzung, also bei hohen Gewinnen, der stärkste — und in Phasen der Rezession, also bei niedrigen Gewinnen oder Verlusten — entsprechend der schwächste Anreiz zum Investieren besteht. Und außerdem verlocken Abschreibungsfreiheiten insbesondere kleinere Gewerbetreibende, z. B. Handwerker in u. U. riskante wirtschaftliche Engagements. Dadurch bedingte investive Fehlentscheidungen, die bei rationaler kalkulierenden Mittel- und Großunternehmen im Zweifel seltener eintreten, führen zwangsläufig zu wirtschaftspolitisch höchst unerwünschten Konzentrationen.

Mit einer dritten Variante von Vorschlägen wird angeregt, die Zulässigkeit der Bildung steuerfreier Investitionsrücklagen zu gestatten. Solche Ansätze, die vor allem jungen Unternehmen Unterstützung bieten könnten, sind unter dem Aspekt der Förderung von Existenzgründungen durchaus positiv zu werten. Würden allerdings alle Unternehmen in einem beliebigen Ausmaße steuerfreie Investitionsrücklagen bilden können, dann hätten im Zweifel die alten und größeren Unternehmen die bessere Möglichkeit, durch periodische Gewinnverlagerungen Steuern zu sparen. Das eigentliche Anliegen des Vorschlages ginge damit verloren. Freilich, eine sehr enge Begrenzung des quantitativen Rahmens zulässiger Rückstellungen verhindert diesen unerwünschten Effekt, mindert aber zugleich auch die Attraktivität des gesamten Vorschlages.

Beim Abwägen aller Gesichtspunkte, die in der Diskussion um eine Reform der Unternehmensbesteuerung eine Rolle spielen, dürften die Gewinnsteuern selbst wohl nicht den entscheidenden Ansatzpunkt für Änderungen abgeben. Es sprechen jedenfalls viele Argumente dafür, daß nicht die Gewinnsteuern, sondern eher die Vermögensteuer und die Gewerbesteuer in der nächsten Legislaturperiode stärkere Aufmerksamkeit auf sich ziehen könnten.

**Das Elend der Vermögensteuer und der Gewerbesteuer**

Was die Vermögensteuer betrifft, so ist sie von einer allgemeinen Abgabe zu einer spezifischen Steuer auf das Betriebsvermögen degeneriert, die juristische und natürliche Personen sehr ungleich behandelt und aufgrund der stark differierenden Bewertung darüber hinaus sogar noch höchst zufällig belastet. Die Vermögensteuer, die ihre ursprüngliche Begründung in der höheren Leistungsfähigkeit fundierter Einkünfte fand, ist heute kaum mehr mit sozialen Argumenten zu verteidigen — obschon diese Argumente nach wie vor herangezogen und genutzt werden. Die Vermögensteuer greift in der Tendenz den Produktionsfaktor Kapital an und sie diskriminiert damit kapitalintensive Produktionen, die für das wirtschaftliche Wachstum und folglich für die Bewältigung der sozialen Aufgaben während der nächsten Jahrzehnte weiterhin eine Schlüsselposition einnehmen.

Die meisten der eben genannten Mängel sind der Vermögensteuer immanent; insbesondere ist eine gleichmäßigere Bewertung der Vermögen zwar hypothetisch vorstellbar, praktisch aber wohl nicht zu erreichen. Vermutlich gibt es auch nur eine logische Rechtfertigung für die Beibehaltung der Vermögensteuer, die dann allerdings nicht zu unterschätzen ist. Sie erbringt 4 bis 5 Milliarden DM Aufkommen, das den Ländern zusteht. Bei allem Verständnis für die Finanznöte der Länder dürfte jedoch diese Begründung zu schwach sein, um die weitere Existenz der Vermögensteuer zu legitimieren. Der mit ihrer Aufhebung verbundene Steuerausfall müßte im Rahmen des Finanzausgleichs kompensiert werden, was sicherlich eine politisch höchst schwierige Aufgabe darstellt. Doch die ökonomisch erwünschte Abschaffung der Vermögensteuer wäre finanziell vertretbar, wenn jene Mängel des gegenwärtigen Steuersystems, die tiefe Lücken in die Besteuerung reißen, uno actu ausgemerzt würden.

Hinsichtlich der Realsteuern liegen die Verhältnisse anders. Unter Steuerschuldnern und Steuergläubigern wird übereinstimmend die heutige Gewerbesteuer außerordentlich kritisch beurteilt. Die Kommunen haben in der wiederholt beschnittenen Gewerbesteuer keine zuverlässige Einnahmequelle und die Steuerpflichtigen beklagen zu Recht u. a. die Wettbewerbsverzerrungen, die die Abgabe verursacht. Fast ausnahmslos wird auch ihre Aufhebung angestrebt, vorausgesetzt, an die Stelle der Gewerbesteuer trete eine bessere Abgabe. Als Ersatz werden alternativ einerseits die Beteiligung der Gemeinden am Umsatzsteueraufkommen von den Pflichtigen und andererseits die Einführung einer Wertschöpfungsteuer von den Kommunen verfolgt, wenn von weiteren Lösungen, wie der sehr komplizierten und bereits deshalb nicht unumstrittenen Einführung einer mit Hebesatzrecht ausgestatteten Gemeindeeinkommensteuer abstrahiert wird.

Ein Kompromiß zwischen den Wünschen der Kommunen und den Forderungen der gewerblichen Wirtschaft scheint in der Frage nicht erzielbar zu sein, überraschenderweise nicht, denn beide Reformvorschläge besitzen — objektiv geurteilt — ausgesprochen enge Verwandtschaften. Die Steuerbemessungsgrundlagen der Alternative unterscheiden sich zwar steuertechnisch, ökonomisch sind sie aber nahezu kongruent. Der Sache nach bestehen nur zwei Unterschiede, sie betreffen die Einbeziehung der Exporte bzw. der Importe sowie die Art der Behandlung der Investitionen, die bei der Umsatzsteuer nicht in die Bemessungsgrundlage eingehen, bei einer Wertschöpfungsteuer hingegen pro rata temporis aus der Bemessungsgrundlage eliminiert werden. Entsprechend ist auch die Belastung der Steuerpflichtigen durch eine Wertschöpfungsteuer ähnlich der Belastung, die mit einer Erhöhung der Mehrwertsteuer verbunden wäre. Schließlich dürften die meisten Vorschläge zu einem Verteilungsschlüssel des Umsatzsteueraufkommens annähernd zu der gleichen interkommunalen Verteilung des Steueraufkommens führen, wie sie auch bei einer Wertschöpfungsteuer zu erwarten wäre.

Für die Umsatzsteuerlösung spricht der niedrigere Verwaltungsaufwand ebenso wie der voraussichtlich sehr viel geringere Steuerwiderstand der Pflichtigen. Dennoch ist es verständlich, daß die Kommunen überwiegend gegen das Modell votieren, weil sie bei seiner Einführung auf finanzielle Autonomie, nämlich auf das tradierte Hebesatzrecht verzichten müßten. Das EG-Recht schließt Hebesätze nach einer Umsatzsteuerbeteiligung der Gemeinden aus. Im übrigen ließe sich auch sachlogisch eine Verknüpfung der kommunalen Umsatzsteuerbeteiligung mit einem Hebesatzrecht nicht vorstellen. Nach Auffassung der Kommunen ist daher das Modell der Wertschöpfungsteuer eindeutig zu präferieren, weil es mit einem Hebesatzrecht ausgestattet werden kann und ausgestattet werden soll. Obschon beide Reformansätze in jedem Belang der heutigen Gewerbesteuer überlegen sind, ist davon auszugehen, daß der status quo ante noch für längere Zeit erhalten bleiben könnte — zum Nachteil der Unternehmen und zum Nachteil der Kommunen. Unglücklicherweise leidet die Diskussion um eine Neuordnung der Kommunalfinanzen an einem Mangel an Objektivität. So wird allein der Wertschöpfungsteuer, aber nicht der — insoweit identischen — Umsatzsteuer Ertragsunabhängigkeit zugeschrieben, wobei Ertragsunabhängigkeit (ohne Begründung) als negative Eigenschaft gilt. So werden von den Gegnern der Wertschöpfungsteuer Definitionen der Wertschöpfung kritisiert, die niemand der Wertschöpfungsteuer zuordnen will usw. Der Kern der Angelegenheit wird allerdings durch derartige Argumente nicht angesprochen. Der materielle Unterschied in der Wertung der Steuerschuldner und der Steuergläubiger resultiert vornehmlich aus der Einschätzung der Vor- und Nachteile des Hebesatzrechtes. Für die Kommunen gilt das Hebesatzrecht als unverzichtbar, für die Pflichtigen als unannehmbar. Eine Entscheidung in dieser Angelegenheit, die viele Facetten aufweist, kann freilich nicht die Wissenschaft, sondern muß die Politik fällen.

Allerdings bleibt in diesem Zusammenhang ein Aspekt meist unberücksichtigt, der sich eines Tages als dominierend herausstellen könnte. Vermutlich haben die Kommunen in der Auseinandersetzung die besseren Karten in der Hand. Warum? Die Ablösung der Gewerbesteuer durch eine Umsatzsteuerbeteiligung setzt eine Änderung von Art. 106 GG voraus. Selbst bei Überwindung der hohen politischen Hürde einer Grundgesetzänderung ist noch nicht sicher, ob wegen des fehlenden Hebesatzrechtes die neue Konstruktion mit Art. 28 Abs. 2 GG, der kommunalen Selbstverwaltungsgarantie, zu vereinbaren wäre. Die Wertschöpfungsteuer hingegen stellt eine Realsteuer dar. Deshalb ist es nicht auszuschließen, daß ihre Einführung sogar ohne Verfassungsänderung erfolgen könnte, zumal die Wertschöpfungsteuer auf keinen Fall Art. 28 Abs. 2 GG tangiert. Es ist zwar strittig, aber durchaus denkbar, daß der einfache Gesetzgeber der Wertschöpfungsteuer zum Durchbruch verhelfen könnte, während die Umsatzsteuerbeteiligung auf jeden Fall verfassungsändernde Mehrheiten in den gesetzgebenden Körperschaften erfordert.

Die letzten Bemerkungen lassen einen weiteren Faktor in den Entscheidungen um eine Reform des Steuersystems sichtbar werden: Die Verfassungsmäßigkeit des geltenden Steuerrechtes und der Reformvorhaben. Ob das Bundesverfassungsgericht den Anstoß zu einer Neuordnung der Steuern liefert, ob es

Neuordnungen erleichtert oder erschwert, ist generell kaum zu sagen. Doch kein Zweifel, die Entscheidungen des Gerichtes haben de facto den Steuergesetzgeber in der Vergangenheit immer wieder gezwungen, Änderungen, zuweilen tiefgreifende Reformen des Steuerrechtes vorzunehmen.

Die Moral der Erwägungen: Das Unbehagen ob der Besteuerung ergibt sich nicht allein aus dem Faktum, daß Steuern mittels hoheitlichen Zwangs das verfügbare Einkommen der Bürger kürzen. Es resultiert vielmehr auch und vor allem aus dem Umstand, daß der Zugriff des Staates oftmals wirtschaftlichen und sozialen Anforderungen ebenso wenig nachkommt wie grundlegenden rechtlichen Postulaten der Gleichmäßigkeit und der Bestimmtheit.

Die hohe Steuerbelastung wird auch in Zukunft von den Bürgern getragen werden müssen; bei nüchterner Einschätzung der Verhältnisse bedarf es sogar ganz erheblicher Anstrengungen, um die Staatsquote und mithin auch um die Abgabenquote und die Steuerquote über die Zeit hinweg wenigstens auf dem gegenwärtigen Niveau zu halten.

Die strukturellen Mängel des Steuersystems müssen jedoch nicht hingenommen werden. Sie sind Ausdruck eines Politikversagens. Aus dieser Erkenntnis ist allein eine Folgerung abzuleiten: Eine systematische Neuordnung der Steuern verlangt Mut von den Politikern, sie benötigt Zeit und sie ist nur zu verwirklichen, falls die Gunst der Wahlen politische Mehrheiten schafft, die zu durchgreifenden Entscheidungen fähig sind. Mit einem Satz: Das Elend der gegenwärtigen Besteuerung ist eine Herausforderung der Politik, denn eine große Steuerreform fällt nicht vom Himmel.

## Zusammenfassung der Aussprache

### 1. „Große Reform" oder „kleine Schritte"?

a) An eine Neuordnung der Steuern Mitte der achtziger Jahre wurden und werden noch immer große Erwartungen geknüpft. Abgesehen von den vielen Einzelinteressen, welche hier verfolgt werden — verdient denn nicht nur eine *„große", eine systematische Neuordnung* den Namen Reform? Manche haben hier sogar von der größten Reform der deutschen neueren Abgabengeschichte gesprochen, und gegen den Vorwurf der Verzögerung hat sich auch die Steuergewalt mit der Devise verteidigt „Lieber später — aber richtig"; deutet nicht auch dies darauf hin, daß hier ein großer Durchbruch gelingen soll?

Der Bundesminister der Finanzen gibt sich von Anfang an weit bescheidener: Nicht von „Steuerreform" will er sprechen, nur von „Steuerentlastung", und auch hier ist die Größenordnung ja nie absolut zu bestimmen, immer wird sie durch die Auswirkungen der jeweiligen Inflationsrate relativiert. Der „politische Hund will nicht allzu hoch springen", wie es immer wieder plastisch ausgedrückt wird, und deshalb fordern die einen nachdrücklich, die „Wurst müsse höher gehängt werden", von den hohen Zielen einer „wirklichen Steuerreform" dürfe man nicht abgehen, ein second best könne es hier nicht geben, deswegen sei insbesondere eine „Verflachung zur Tarifanpassung" abzulehnen.

Viele andere jedoch fürchten, in einem solchen Fall werde sich der politische Hund resignierend überhaupt von der Abgabenwurst abwenden. Gerade weil Übereinstimmung darin herrscht, daß es weithin an politischem Mut mangelt, sollen „kleine Sprünge" hinaufführen zu einer Reform, die diesen

Namen doch noch verdient. Wenn auch viele kleine Schritte einen größeren nicht voll ersetzen können, und die jetzt vorgesehenen Veränderungen nicht tiefer in die Strukturen des geltenden Steuerrechts eingreifen — weil eben die Tarifreform ersichtlich den „kleinsten gemeinsamen politischen Nenner" darstellt — um Verständnis für eine „Neuordnung der kleinen Schritte" kann man dann werben, wenn man Steuerreform als eine dauernde Aufgabe erkennt, bei der eben die Größe der Einzelschritte weniger bedeutet als deren Kontinuität. Doch es dürfen nicht auch die „kleinen Schritte" noch in die falsche Richtung gehen, wie etwa im Falle der erstaunlichen „Tarifsprünge" bei der Familienentlastung für das dritte Kind (vgl. unten 4 b), und zu manchem Größeren gibt ja auch immer wieder das Bundesverfassungsgericht den Anstoß.

b) Politische *Durchsetzbarkeit*, heute so gerne „Machbarkeit" genannt, ist hier sicher oberstes Gesetz, mag dies auch nicht selten nur ein politisches Alibi bedeuten. Doch sollte dann nicht lieber *die Neuordnung verschoben werden*, bis zu einer Zeit, deren politische Konstellation eine „echte Reform" ermöglicht? Wer ein second best hier nicht anerkennt, weitgehend sogar eine tabula rasa fordert, etwa bei der Ordnung der Bemessungsgrundlagen, insbesondere bei den Steuervergünstigungen, der wird wohl einen solchen Aufschub verlangen. Aus solcher Sicht müßte die Reform wenigstens bis zur nächsten Legislaturperiode „ganz offen gehalten" werden, was ja nicht ausschließt, daß die Finanzminister heute bereits alle erforderlichen Vorbereitungen treffen.

Dem wird jedoch von vielen widersprochen: Gerade hinsichtlich der Mehrheitsverhältnisse sei für die nächste Legislaturperiode alles offen, die Entscheidungslage könne sogar für eine „große Reform" noch weit ungünstiger werden, und deren Richtung sei dann überdies höchst ungewiß. Wer also einiges Richtige heute zu wissen glaubt — warum sollte er nicht versuchen, dies möglichst bald auch zu realisieren?

c) Ohnehin setzt ja die vielberufene *Größenordnung der 25—28 Milliarden-Entlastung schon Schranken* — zugleich ist dies aber eine Chance, die auch wahrgenommen werden muß. Es ist ja keineswegs sicher, daß diese Manövriermasse auch in der Zukunft, etwa in der kommenden Legislaturperiode, noch zur Verfügung stehen wird. Immerhin ist dies nur eine „nominale Gegenwartszahl": Einerseits hängt eine solche Manövriermasse stets auch, der Größenordnung nach, von der Inflation ab, sie darf also schon deshalb nicht überschätzt werden. Zum anderen und vor allem ist sie bedingt durch die jeweilige Haushaltslage: Steigerungen etwa der Entwicklungshilfe, schwerere Verteidigungslasten oder ein finanzielles Engagement in den deutsch-deutschen Beziehungen können hier zu schwer vorhersehbaren Einbrüchen führen. Schon jetzt besteht eine gewisse Gefahr, daß diese Milliarden bis 1988 „verplätschern" könnten, auch in „ganz kleinen Entlastungsschritten", vor allem aber dann, wenn mit neuen, aber wirtschaftspolitisch nicht hinreichend „gezielten" Vergünstigungen zur Investitionsförderung experimentiert wird (vgl. unten 5 b). Dann aber wäre die allgemeine Enttäuschung groß, der politische Schaden unabsehbar.

d) Wie weit immer sie in kleineren Schritten kommen mag, eines gewissen *Konzeptes* bedarf jede Neuordnung der Abgaben. Nachdrücklich weist denn auch der Bundesfinanzminister darauf hin, daß die Pläne der jetzigen Bundesregierung weit über das gegenwärtig vor allem Erörterte hinausreichen: Dies alles ist ja nur Teil eines *Stufenplanes*, welcher in der Regierungserklärung vom Mai 1983 bereits angekündigt und zum Teil schon verwirklicht worden ist. Am Anfang standen die Gewerbesteuerentlastung sowie die Entlastungsmaßnahmen im Bereich der Vermögensteuer, bei den Sonderabschreibungen, durch die Herabsetzung der Schachtelgrenze beim Schachtelprivileg usw. Nun soll die allgemeinere, vor allem inflations- und familiengerechte Entlastung durch die Tarifreform folgen. Doch noch weitere Schritte sind schon geplant und angekündigt: Eine erneute Rücknahme der Vermögensteuer, noch wirksamere

Gewerbesteuer-Entlastung, und schließlich soll ja auch vor den Körperschaftsteuersätzen und dem Spitzensatz der Einkommensteuer nicht Halt gemacht werden.

Hinter all dem stehe doch, so meint der Bundesfinanzminister, ein deutlich erkennbares Gesamtkonzept der Entlastung, das in kalkulierbaren Schritten zielstrebig verwirklicht werde. Könnte dies nicht auch eine mögliche Konzeption für eine „größere", wenn schon nicht für „die große" Steuerreform sein?

e) Eine gewisse Unzufriedenheit ist immerhin vor allem in der *Wissenschaft* unverkennbar. Dort wird von nicht wenigen die Auffassung vertreten, die wissenschaftliche Beratung dürfe zwar nichts schlechthin Unmögliches vorschlagen, keine „idealtypische Illusion" nähren; schon deshalb müßten etwa Ratschläge zu der heute möglichen Tarifanpassung gegeben, es dürfe nicht nur auf eine zukünftige „Idealkonstellation" gewartet werden. Dennoch wird betont, die Aufgabe der Wissenschaft bleibe es, das Steuersystem zu verlangen, welches dem Ideal des wissenschaftlich zu fordernden Optimum am nächsten komme. Aufgabe der Politik sei es dann, davon Abstriche zu machen, politisch unumgängliche Kompromisse zu finden und als solche zu rechtfertigen. Aufgabe der Wissenschaft bleibe es insbesondere, den *systematischen Aspekt zu betonen*, der Politik zu sagen, „was (noch) in das System paßt". Allerdings sind nicht nur insoweit, sondern ganz allgemein, *viele skeptisch:* Die Grenzen der Beratbarkeit der Politik würden rasch deutlich, in der Regel setzten sich die Politiker hier ohnehin über wissenschaftlichen Rat hinweg. Vor allem aber könne die Wissenschaft weithin, gerade im Steuerbereich, Motive und Zielsetzungen der Politik gar nicht mehr erkennen. Dazu habe ein „Wildwuchs" geführt, wie er etwa in den zahllosen Einkommensobergrenzen deutlich werde. Auch wenn sich nicht selten — meist allerdings erst erheblich später — herausstelle, aus welchen Gründen sich bestimmte politische Allianzen gebildet hätten, z. B. zur Verbesserung der Lage der Frau, oder welchen

Zwecken gewisse Vergünstigungen „eben doch" auch dienten, z. B. in der Wohnungsbauförderung — die Motivationslage der Politik bleibe für die beratende Wissenschaft weithin im Dunkeln. Die Politiker müßten daher ihren Beratern klarer als bisher sagen, „was sie eigentlich wollten".

In der gegenwärtigen Situation wird insbesondere konkret vorgeschlagen, die Bundesregierung solle doch eine *kleine Kommission* aus Politikern und Wissenschaftlern berufen, welche Prioritäten der Reformvorhaben festzulegen habe. Damit würden Regierung und Parlament ja auch gar nicht über Gebühr festgelegt. Daß sich aber das Problem der Beratbarkeit ganz allgemein, gerade in der Steuerpolitik, stellt, das machen eben diese Unsicherheiten in der gegenwärtigen Reform- oder Entlastungsdiskussion deutlich.

## 2. *Inflationsangepaßte Besteuerung — aber wie?*

a) In der gegenwärtigen Diskussion hat sich die Politik allgemein, vor allem aber die Bundesregierung, auf die Bekämpfung der inflationsbedingten, sich ständig verschärfenden Besteuerung festgelegt. Gerade deshalb müsse jetzt, so heißt es, eine Tarifanpassung erfolgen, weil sonst, trotz gleichbleibender Steuersätze, die Abgabenbelastung laufend zunehme. Diese Steuersätze müßten allerdings wohl schon deshalb noch für einige Zeit konstant gehalten werden, weil es gelte, vorrangig Haushalts-Defizite abzubauen.

Eine solche Annäherung an eine „inflationskonforme Besteuerung" stellt auch, als solche, gar kein „Staatsgeschenk" dar — diese Auffassung wird allgemein geteilt. Vielmehr kehrt die Steuergewalt damit lediglich zu dem zurück, was sie „eigentlich" gewollt und, in normativer Form, dem Bürger vorgegeben hat. Hier liegt also eine notwendige Systemkorrektur, die mit einer gewissen Selbstverständlichkeit vollzogen werden sollte.

b) Wie aber kann sichergestellt werden, daß es nicht *rasch wieder zu inflationbedingten Verwerfungen kommt?* Auch bei vergleichsweise niedrigen Geldentwertungsraten dürfen deren Kumulationswirkungen ja nicht unterschätzt werden.

Ein gewisser *Anpassungszwang* findet nicht wenige Befürworter. Nach Schweizer Vorbild könnte etwa der Gesetzgeber dazu verpflichtet werden, in regelmäßigen Abständen Tarifanpassungen vorzunehmen; wirksam wäre dies allerdings nur, wenn es, wie in der Schweiz geschehen, in der Verfassung verankert würde.

Die Steuergewalt wäre damit immerhin zur Überlegung und zu „irgendeinem Handeln" gezwungen, ohne daß sie im einzelnen in politisch unerträglicher Weise festgelegt erschiene. Zu berücksichtigen ist dabei allerdings, daß ein solcher verfassungsrechtlich verordneter „Tarif-Aktionismus" dem Steuergesetzgeber periodisch Anlaß zu einem Tätigwerden geben würde, bei dem dann auch manche anderen, gerade anstehenden, vor allem sozialpolitischen Wünsche erfüllt werden würden. Es müßte also sichergestellt werden, daß nicht mehr erzeugt würde als ein „leichter Anpassungsdruck".

c) Die weitergehende Frage nach der Möglichkeit *indexierter Besteuerung* wird in diesem Zusammenhang ebenfalls gestellt. Immerhin hat ja die Geldentwertung schon dazu geführt, daß oft der Arbeiter wie der Meister, der Direktor wie das Vorstandsmitglied besteuert werden. Ein gewisser Zwang zur Indexierung wird bei höheren, etwa lateinamerikanischen Inflationsraten vielleicht unausweichlich. Bedenklich bleibt aber jedenfalls, daß die Einführung einer Index-Klausel bei der Einkommensteuer auf anderen Gebieten, etwa bei Lohn- oder Rentenanpassungen, ebenfalls zu Indexierungsforderungen führen kann. Auch muß vor der Illusion gewarnt werden, damit könne das Steuer-Belastungsniveau gesenkt werden. Wie ausländische Beispiele, insbesondere Holland, zeigen, kann mit einer Steuer-Indexierung gerade eine besonders starke Belastung, vor allem an der Spitze, einhergehen. Die „Steuerleiter" wird eben nur „nach rechts verschoben", und damit oft nur kontinuierlich steiler gestellt, bis dann, wie im genannten Beispiel, Hunderttausende von Bürgern in ihre Heimat aus Steuergründen nicht mehr zurückkehren wollen. Eine gewisse Anpassung der Tarifstruktur ist jedenfalls bei der Indexierung unbedingt erforderlich.

d) Die Inflationsanpassung der Besteuerung bringt, wie von vielen Seiten betont wird, *nicht geringe Schwierigkeiten* mit sich. Ob der Tarifreform Priorität gebührt, ist umstritten, mag sie auch allein unter den gegebenen politischen Umständen gegenwärtig realisierbar sein. Ganz allgemein aber müßte bei einer tariflichen Inflationsanpassung auch das Problem der *Scheingewinnbesteuerung* angegangen werden. Hier aber wird eingewendet, es sei sehr schwierig, vor allem im Bereich der Industrie, Scheingewinne exakt festzustellen, mag dies auch bei Wertpapieren unschwer gelingen. Außerdem erhebt sich dann sogleich die Frage, ob nicht auch inflationsbedingte besondere Gewinne der Schuldner einer speziellen Steuerbelastung unterworfen werden müssen. Die Vervollständigung der mit einer Tarifanpassung einsetzenden „Inflationsbereinigung" ist also doch ein schwieriger und auch interessenmäßig vielschichtig gelagerter Prozeß. „Reine Lösungen" wird es hier — das Problem der „Scheingewinne" zeigt es — kaum geben können.

e) Als entscheidende Schranke zeigt sich überdies am Horizont das *Nominalwertprinzip*, dessen fundamentale Bedeutung ja in der Judikatur seit Generationen betont und auch in der Wirtschaftspolitik grundsätzlich nicht bestritten wird.

Nun ist zwar die Verhinderung der „kalten Progression" von der weitergehenden Frage nach möglichen Durchbrechungen des Nominalwertprinzips zu unterscheiden, und in gewissem Umfang sind solche schon dem geltenden Steuerrecht durchaus geläufig, man denke nur an die Rücklagenregelungen bei stark schwankenden Preisen. Andererseits wird gerade von Vertretern der Wirtschaft die Erhaltung der sichernden Grundlage des Nominalwertprinzips verlangt, aus der Sicht der Unternehmen sei seine Durchbrechung zumindest kein vorrangiges Anliegen. Hier drohe einerseits nur Überkomplikation, zum anderen könnte dies zu allzu weitgehenden Plänen, auch in anderen Bereichen, führen, welche die Wirtschaft verunsichern müßten.

Insgesamt wird also die geplante Tarifanpassung als längst überfällig begrüßt, und einem gewissen Anpassungsdruck sollte sicher auch der Gesetzgeber ausgesetzt werden; doch im hochsensiblen Bereich des Nominalwertprinzips wird deutliche Zurückhaltung überall spürbar.

### 3. Weniger Steuerbelastung für den Bürger — weniger Staatsaufgaben?

a) Die *Steuerbelastungsquote* ist, insgesamt betrachtet, in den letzten zwanzig Jahren nahezu konstant geblieben, die Steuersätze haben sich nicht im Sinne einer Mehrbelastung verändert. Dies trifft auch dann noch zu, wenn berücksichtigt wird, daß sich unter der Decke einer gleichbleibenden Steuerbelastungsquote im einzelnen vielfache Veränderungen und Verschiebungen ergeben haben. Auch ist mit der Feststellung einer insgesamt konstanten Steuerbelastungsquote die Forderung noch nicht erledigt, die *Aufgabenbelastung* als solche müsse gesenkt werden (vgl. unten 10 a).

Immerhin wird man insoweit dem Steuergesetzgeber ein gutes Zeugnis ausstellen können, als er in den letzten Jahrzehnten, über wechselnde Regierungsmehrheiten hinweg, der alten Versuchung nicht erlegen ist, seine Einnahmen einfach den gewünschten Ausgaben anzupassen und damit ein Grundprinzip privaten Wirtschaftens auf den Kopf zu stellen — worin früher nicht selten das Wesen gerade des öffentlichen Wirtschaftens gesehen wurde. Geholfen hat der Steuergewalt allerdings bei solcher Zurückhaltung das inflationsbedingte und auch in Deutschland keineswegs zu unterschätzende Ansteigen der Steuereinnahmen.

Kürzerfristig wird sich auch an der *Stabilität der steuerlichen Belastungsquote* schon deshalb nichts ändern können, weil es gilt, Defizite abzubauen; längerfristig allerdings muß hier der Bürger entlastet werden, weil sonst seine Belastungen durch öffentliche Abgaben insgesamt anwachsen. Dies ergibt sich schon aus der Entwicklung der Sozialversicherungsbeiträge:

b) Einer stabilen Steuerbelastungsquote steht nämlich eine ständig und rasch anwachsende *Steigerung der Sozialabgabenquote gegenüber*. Demographische Entwicklungen lassen erwarten, daß sich dies noch verschärfen wird. Schon heute ist die Gesamtbelastung der Abgaben auf dem Niveau des Facharbeiters sehr hoch, was leistungsfeindlich wirkt und auf Dauer nicht hingenommen werden kann. Von vielen wird daher gefordert, daß eine Steuerreform nunmehr stets mit einer Sozialversicherungsreform verbunden werden, daß sie zu einer solchen jedenfalls führen muß.

c) Das Kernproblem liegt jedoch auf der *Ausgabenseite*. Die große Sorge ist hier, daß die „Staatsquote" sich im Ergebnis und auf Dauer eben doch nicht wesentlich wird ändern lassen. Die Staatsquote wird heute wesentlich bestimmt durch Sach- und Personalausgaben einerseits, Sozialtransfers und Subventionen zum anderen. Was die Personalbelastung anlangt, so ist vieles bereits durch rechtliche oder faktische Entlastungssperren festgelegt, längst nicht nur im Beamtenbereich. Nullrunden jedoch, darüber besteht Konsens, lassen sich, wenn überhaupt, eben nur ausnahmsweise durchstehen. Etwaigen Versuchen aber, das Eigeninteresse der öffentlichen Bediensteten nach privatwirtschaftlichem Vorbild zu wecken, um auf solche Weise etwa „Krankenhäuser in Betriebe zu verwandeln" und damit kostengünstiger zu wirtschaften, all dem sind engste Grenzen gezogen: durch Verfassung, Sozialstaatlichkeit, Staatsorganisations- und Beamtenrecht, nicht zuletzt durch die Rechtsstaatlichkeit.

Sicher läßt sich über die Frage streiten, ob das „Gesetz der steigenden Aufgaben" auf den Staat beschränkt ist, ob nicht auch der Privatsektor immer mehr an Aufgaben übernehmen muß und sie vergleichsweise kostengünstig erfüllt: Doch an den heutigen Staatsaufgaben wird sich letztlich nur sehr in Grenzen etwas ändern lassen, damit aber sind auch der Staatsausgabenverminderung enge Schranken gezogen.

Immerhin: Der gegenwärtigen Wirtschaftspolitik ist es in verhältnismäßig kurzer Zeit gelungen, eine Staatsquote von fast 50 % um einige Punkte zu senken, weitere Verminderung wird angestrebt. Selbst wenn sie nicht spektakulär sein kann — ein gewisser Manövrierspielraum wird hier auch der Steuergewalt eröffnet. Ein weiteres Ziel ist für viele die *Veränderung der Struktur der Staatsausgaben:* Mehr Infrastrukturausgaben sind gefordert, weniger sollte für Konsumförderung und Transferleistungen ausgegeben werden. Eine solche Hinwendung zur „Investivausgabe" im weiteren Sinn würde auch der Wirtschaft erhöhte Investitionsanreize bieten, damit aber Wachstumschancen; und auch dies könnte die Abgabenfront entlasten.

Insgesamt besteht Übereinstimmung darin: Die Steuerreformdiskussion darf nicht „isoliert steuertechnisch" geführt werden. Stets muß sie eingebettet bleiben in die weitere Problematik der Staatsausgaben und Staatsaufgaben, deren Forderungen hier letztlich ratifiziert werden müssen.

*4. Tarifgestaltung — Kurven oder „gerade Linie"?*

a) Eine Steuertarif-Reform, wie sie gegenwärtig beabsichtigt ist, muß sich, wenn sie überhaupt den Namen einer Neuordnung verdienen will, der Frage stellen, ob der Progressionsverlauf durchgehend oder doch weitgehend „linear" erfolgen oder ob hier Kurven weiter zugelassen oder gar verstärkt werden sollen. Bezeichnend ist übrigens, daß die Frage nach der Berechtigung der Progression als solche, oder doch für gewisse Bereiche, überhaupt nicht gestellt wurde.

Eine *durchgehende Linearisierung* der Steuerprogression ist sicher nicht leicht zu verwirklichen, wie schon die Erfahrungen der letzten Jahrzehnte zeigen: Immer von neuem wird dazu angesetzt — bis zu gewissen Einkommensgrenzen scheint es zunächst zu gelingen; doch dann bilden sich eben im nächsthöheren Bereich bald Kurven aus, über die erneut geklagt wird usw. Wenn bei einer gewissen Einkommenshöhe die Progressionsspitze erreicht ist, so formen sich, nahezu mit Notwendigkeit, vor dieser Schallgrenze — und sie soll ja eher noch abgesenkt werden — kurvenmäßig ausgebildete Tarifverläufe.

Dennoch geht die wohl überwiegende Auffassung dahin, eine *Linearisierung sei an sich einer Kurvenbildung im Tarifverlauf vorzuziehen*. Dies läßt sich schon damit begründen, daß die Kurve so „steil" ansteigt, daß hier die Kurvenbildung rasch zu Verzerrungen führen kann, als ungerecht empfunden wird und Steuerwiderstand auslöst. Kurvenbildungen können zur Unstetigkeit bei einer Tarifgesetzgebung führen, welche der gerade hier erforderlichen Kontinuität abträglich erscheint. Wenn eine „Steuerpolitik über Freibeträge gesteuert werden" soll, was aus sozialpolitischen Gründen, in gewissen Grenzen wenigstens, unausweichlich erscheint und auch gegenwärtig zum Programm der Bundesregierung gehört, so sind schon aus diesem Grunde Kurvenbildungen im Tarifverlauf steuer*politisch* problematisch: Freibeträge verschieben ja, im Ergebnis, den Beginn des Kurvenverlaufs nur „nach rechts". Werden hier Veränderungen, etwa Erhöhungen, hingenommen, wie es ja weithin beabsichtigt und ebenfalls aus Gründen einer gewissen Inflationskonformität auch erwünscht sein mag, so kommt, bei kurvenförmigen Tarifverlauf, zu der Diskussion über die Berechtigung des Freibetrags noch eine weitere, viel schwierigere Problematik: Da die so verschobene Kurve auch vergleichsweise neuartige Mehrbelastungen ganz bestimmter Gruppen bringt, eben jener, für die sich nun die Progressionskurve „nach oben zu runden beginnt", werden all diese Bürger erbitterten Widerstand leisten. Die lineare Progression führt bei solchen „Vergünstigungen" schon zu Schwierigkeiten, weil sie sich bei vielen eben nicht auswirkt, bei anderen erheblich; der kurvenförmige Progressionsverlauf erlegt diesen ein deutliches Sonderopfer auf.

b) Die im gegenwärtigen Zeitpunkt mit Priorität betriebene *Familienentlastung* soll vor allem auch über den Tarif erfolgen. Die Berechtigung dieser gesamtpolitischen Richtung wird nicht in Zweifel gezogen. Sie wird wohl nicht zuletzt deshalb intensiv verfolgt, weil solche Entlastungspolitik, auch technisch, verhältnismäßig leicht machbar erscheint.

Die vorliegenden Entwürfe zeigen indessen, daß dem doch nicht so ist. So ergibt sich etwa bei der Familienentlastung von der Einkommensteuer im Bereich des dritten Kindes bei gewissen Einkommenshöhen ein erstaunlich starker „Knick des Entlastungsverlaufs nach unten", für den plausible Gründe nicht angegeben, der auch aus demographischen Zielsetzungen nicht legitimiert werden kann.

Ein derartiger „Entlastungsknick" muß auf jeden Fall vermieden werden, überhaupt darf das Ansteigen der Steuerbelastung Brüche von auch nur einiger Größenordnung nicht erkennen lassen: Kurven mögen — gerade noch — hingenommen werden, der Knick zeigt einen deutlichen Systembruch und rückt eben eine „Tarifreform auf Steuergerechtigkeit hin" von vornherein ins Zwielicht. Vielleicht wäre dies ein Anlaß, auch über die Problematik anderer, diskontinuierlich verlaufender Belastungen nachzudenken, bis hin zu den Freigrenzen.

Es zeigt sich also, daß auch die so wenig problematisch erscheinende „Tarifanpassung" — billigt man sie nur im Prinzip — durchaus noch viele und schwierige Fragen aufwirft, nicht nur solche der Steuergerechtigkeit, auch Fragen der Steuertechnik.

## 5. *Investitionsförderung durch Steuerpolitik?*

a) Einigkeit besteht darüber, daß Steuerpolitik solcher Größenordnung nicht aus Überlegungen zur Tageskonjunktur heraus betrieben werden darf, wie immer ihre konjunkturellen

Wirkungen im einzelnen einzuschätzen sein mögen. Selbst wenn man ganz allgemein Warnungen vor *konjunkturbezogener Steuerreform* folgen will — ein gewisses „konjunkturbedingtes Timing" ist für eine Steuerreform, schon wegen der erforderlichen Manövriermasse, unabdingbar. Breiter Konsens besteht allerdings wieder darin, daß ein Hauptziel jeder Steuerreform ganz allgemein, wie im einzelnen, die *Förderung des Wachstums* sein muß, das dann ja seinerseits wieder der Steuerpolitik erhöhte Bewegungsfreiheit sichert. Was nun aber ein wachstumsförderndes Steuerrecht zu bewirken habe, darüber gehen die Meinungen sogleich auseinander, wenn konkrete Vorschläge gemacht werden.

b) Die Forderung nach einer *steuerfreien Investitionszulage*, welche jeweils nach fünf Jahren wieder aufzulösen wäre, wird von Vertretern großer Unternehmen ebenso erhoben wie von solchen der mittelständischen Wirtschaft, wo sie sich sogar besonders verfestigt hat. Auf diese Weise werde es einerseits zu einem *Investitionsanreiz*, wenn nicht zu einem steuerlichen Investitionszwang kommen, der dem Wachstum nur förderlich sein könne, zum anderen werde so die Eigenkapitalquote der Unternehmer spürbar verbessert. Dies aber könne der Konkurrenzfähigkeit der deutschen Wirtschaft mit dem Ausland nur förderlich sein, wo die Eigenkapitalquote höher liege, wie ja auch in früheren Zeiten in Deutschland.

Dem wird jedoch entgegengehalten, schon die Bedeutung des Eigenkapitals dürfe nicht überschätzt werden. Hier müßten ja auch die Pensionsrückstellungen berücksichtigt werden, die gerade neuerdings, zum Teil in eindrucksvoller Größenordnung, getätigt worden seien, was allerdings auch leicht zu sozialpolitischen Begehrlichkeiten führen könne.

Für die „Kleineren" auf dem Markt gilt dies allerdings nicht. Gerade mit Blick auf sie aber werden weitere Bedenken geäußert: Investitionsanreize dieser Art für sie würden leicht zur Investitionsverführung durch Steuern. Nur um leicht kalkulierbare Vorteile kurzfristig nicht zu verlieren, würden viele kleine Betriebe investieren — ohne Rücksicht auf den Markt, möglicherweise an diesem vorbei. Derartige Verlockungen solle daher die Steuergewalt gerade dort nicht bieten, wo nicht die erforderliche Kontinuität, ja nicht einmal immer das notwendige rationale Verhalten zu erwarten sei — ein Vorwurf, vor dem allerdings andere die „Kleinen" in Schutz nehmen — auch für irrationales Verhalten großer Unternehmen gebe es genügend Beispiele ...

Auch andere Argumente werden noch gegen eine solche Investitionsförderung vorgebracht: Sie ist, jedenfalls für die Steuergewalt, sehr belastend — schon bei einer Förderung bis zu 50 000 DM können *Steuerausfälle in Milliardenhöhe* entstehen. Dadurch wird aber gerade wieder der doch so wichtige Bewegungsspielraum der Steuerpolitik wesentlich eingeengt, der jedoch zu „größeren Schlägen" der allgemeinen Belastungsverringerung genutzt werden soll, etwa zur Abschaffung der Vermögensteuer oder zur Senkung des Spitzensteuersatzes. Die Finanzverwaltung sträubt sich verständlicherweise gegen derartige Gestaltungen, welche *hohen Verwaltungsaufwand* erfordern; diese Folge habe sich bereits gezeigt, als dem Bundesfinanzminister Sonderabschreibungen für kleinere Betriebe aufgezwungen worden seien. Die Überwachung der Fristen, die Feststellung der Vergleichsvolumina haben nur schwer bewältigt werden können. Schließlich wird darauf hingewiesen, daß Investitionsmöglichkeiten wie Eigenkapitalquote vor allem bei jungen Unternehmern und neu gegründeten Unternehmen zum Problem werden. Hier bestehe aber durchaus Handlungsbedarf, auch in steuerlicher Hinsicht. Angezeigt sei es jedoch in erster Linie, bestehenden Verlockungen zu Fehlinvestitionen entgegenzuwirken. So würden etwa zur Zeit noch immer Investitionen in Grund und Boden sowie in Bauten steuerlich begünstigt, anstatt daß hier die Mittel produktiv wirkenden Investitionen zugeführt würden.

Insgesamt ist also wohl die Neigung, vor allem im politischen Bereich, nicht allzu groß, eine größere Steuerreform bewußt investitionsfördernd anzulegen, und handle es sich auch um Produktivinvestitionen.

c) Zurückhaltung zeigt sich dementsprechend auch bei der Beurteilung der *steuerlichen Abschreibungsmöglichkeiten* und ihrer Erweiterung. Zwar wird Erleichterung der Abschreibungen vorgeschlagen, schon um die Wettbewerbsfähigkeit der deutschen Wirtschaft zu steigern. Deren Konkurrenten sehen sich ja weithin im Genuß viel großzügigerer Abschreibungsmöglichkeiten; und auch das Eigenkapitalargument spielt hier wieder eine Rolle. Demgegenüber wird jedoch darauf hingewiesen, bei Ausweitung der Abschreibungsmöglichkeiten müsse auch die Gestaltung der Rücklagenübertragung revidiert werden. Sofortabschreibungen seien jedenfalls nicht anzustreben, der Abschreibungsbereich, in dem es wirklich zu Verbesserungen kommen könne, sei verhältnismäßig eng.

Schon hier zeigt sich also eine gewisse Skepsis gegen die Schaffung neuer Formen steuerlicher Vergünstigungen, vor allem bei jenen, welche die bestehenden Vergünstigungen kritisieren — und dies sind nicht wenige.

### 6. Vergünstigungen abbauen?

a) Beim Anlaufen einer Neuordnung des Steuersystems können Forderungen nach neuartigen oder weitergehenden Vergünstigungen nicht ausbleiben, wie sich bereits bei Investitionsrücklagen und verbesserten Abschreibungsmöglichkeiten gezeigt hat. So wird denn auch etwa die Ausdehnung des Verlustvortrages oder der Rücklagenbildung für die Altersversorgung in den Betrieben gefordert.

*Vergünstigungen gegenüber ist allerdings insgesamt eine kritische Zurückhaltung festzustellen.* Zwar seien sie die bei weitem „härteste Nuß", welche dem Steuergesetzgeber zu knacken bleibe, doch er dürfe sich dieser Aufgabe nicht entziehen. In Deutschland solle nicht der amerikanische Fehler der Siebziger Jahre wiederholt werden: Dort habe sich das steuerliche „Aufschwungs-Gesetz" in einem Geflecht von Einzelvergünstigungen verfangen, und schließlich damit sogar aufschwunghemmend gewirkt.

„Große" Vergünstigungskomplexe zumindest dürfe es nicht mehr geben, und eine *Tarifreform* lasse sich auch nicht ganz von einer solchen der *Bemessungsgrundlagen trennen*, jedenfalls wenn es hier um allgemeinere Gestaltungen gehe. So sei eine Tarifreform ohne systematische Überlegungen über Freibeträge nicht zu leisten, diese aber erforderten wiederum vor allem eine gewisse Vereinheitlichung der Vorstellungen über das *Existenzminimum*. Es sei auf die Dauer unvertretbar, daß dazu weiterhin etwa der Bundesfinanzminister als Vertreter der Steuergewalt, der Bundesarbeitsminister als Verantwortlicher für Sozialpolitik und der Bundesjustizminister als federführender Ressortchef für die Pfändungsgrenzen unterschiedliche Auffassungen verträten. Auch wird der Verlauf der Tarife durch die Freibeträge bestimmt, werden sie erheblich erhöht, so ist eine volle Linearisierung, wie schon erwähnt, kaum durchzuhalten.

Gegen die Vergünstigungen spricht ganz allgemein, daß ihre *eigentliche Legitimation* oft verborgen bleibt oder mit der Zeit vergessen wird, ja verloren geht. Hier vor allem entwickelt sich jener steuerliche Wildwuchs, der von allen beklagt wird und auf die Dauer Praktikabilität wie sogar Legitimität der Abgabenerhebung entschieden mindern kann.

Ausdruck der unbedingt zu wahrenden, vielleicht wiederherzustellenden Allgemeinheit der Besteuerung ist noch immer in erster Linie der Steuertarif. Die entscheidende Entlastung, den wesentlich politischen Handlungsspielraum aber kann sich dort die Steuergewalt nur über eine Eindämmung der Vergünstigungen schaffen.

Dieser erfreuliche Konsens gegen Steuervergünstigungen löst sich jedoch rasch auf, wenn einzelne wichtige „Privilegien" diskutiert werden, welche nun einer solchen generellen Kritik zum Opfer fallen sollen:

b) Die steuerliche Förderung des *Bausparens* erregt den Unwillen nicht weniger: Einen Bedarf für einen derart forcierten Wohnungsbau gebe es schon heute nicht mehr, jedenfalls werde er bald wegfallen. Begünstigt würden ohnehin nur gewisse Gruppen, so etwa die Beamten.

Wenn aber noch eine gewisse Übereinstimmung feststellbar ist, daß es hier auf längere Sicht Vergünstigungen abzubauen gelte — ebensolche Einigkeit besteht darin, daß ein tieferer Einschnitt hier gegenwärtig politisch nicht durchsetzbar wäre. Doch auch ernst zu nehmende Sachargumente sprechen dabei gegen größere Reformen im gegenwärtigen Zeitpunkt: Noch immer ist „das Eigenheim das Sachkapital des kleinen Mannes", nicht das Kontensparen, und eine solche Bewußtseins-, wenn nicht Bedürfnislage läßt sich eben nicht kurzfristig verändern. Dies würde auch deshalb schon nicht zu den Grundvorgaben der gegenwärtigen Bundesregierung passen, weil diese breite Streuung des Eigentums höchste Priorität genießt; dafür aber gibt es gegenwärtig kein besseres, jedenfalls kein allgemeiner konsensgetragenes Instrument als die Förderung des Bausparens. Wenn hier überhaupt Einschnitte eines Tages kommen sollen, so muß, infolge des einmal geschaffenen Vertrauens und der Struktur der Bausparkassen, höchst behutsam, unter Zubilligung langer Anpassungsfristen, vorgegangen werden.

Ein Thema für weitere Überlegungen wird dies alles sicher sein — ein Thema für baldige Steuerreform ist es nicht.

c) *Die Anwendung des Quellenabzugsverfahrens bei allen Kapitalerträgen* wird von einigen gefordert, damit insbesondere Besitzer von Aktien und festverzinslichen Papieren gleichbehandelt werden. Demgegenüber wird jedoch darauf hingewiesen, daß dann aber eben, gerade bei Wertpapieren, der Versuch gemacht werden müsse, stets nur „reale Beträge" zu erfassen, also auch die Substanzverluste zu berücksichtigen. Im übrigen sind die Zinsen ja durchgehend heute schon steuerpflichtig. Ein schuldnerschonendes Kontrollverhalten der Steuergewalt — welches übrigens auch in anderen Bereichen praktiziert wird — hat hier aber auch durchaus sachliche Gründe: Sozialpolitisch die Rücksichtnahme auf den „kleinen Sparer", andererseits Erleichterung der Geldbeschaffung für die öffentlichen Hände zu günstigen Bedingungen. Wollte man hier mit scharfen Kontrollen vorgehen, so müßten erhebliche Freibeträge vorgesehen werden, die Anleihezinsen würden höher, das Steuermehraufkommen bliebe in Grenzen.

d) *Die Abzugsfähigkeit privater Schuldzinsen* wird gefordert, weil nicht einzusehen sei, warum dem Bürger allgemein verwehrt sein sollte, was dem Unternehmer gestattet wird — auch die Abzugsfähigkeit der Unternehmerschuldzinsen mag aus der Sicht der Gleichheit als Steuerprivileg erscheinen. Einigkeit besteht darin, daß eine solche Lösung nicht primär konjunkturell, mit der Kaufkraftsteigerung, begründet werden dürfte. Und überhaupt wird dagegen eingewendet, hier käme es lediglich zur Konsumbegünstigung, nicht zur Förderung jener Investitionen, von denen eben im Unternehmensbereich unmittelbar Aufschwungimpulse ausgehen könnten.

### 7. *Ertragsunabhängige Besteuerung — Abschaffung der Vermögensteuer*

Allgemein besteht Konsens darüber, daß ertragsunabhängige Steuern für die Unternehmen eine schwere Belastung darstellen, sie werden ja besteuert, ob sie nun Gewinne erzielen oder nicht. Ungünstig sind daher auch die konjunkturellen Auswirkungen dieser Abgaben, welche jeweils sowohl Aufschwung wie auch Abschwung, in der betreffenden Phase, notwendig verstärken und damit der konjunkturellen Stabilität entgegenwirken.

Die *Vermögensteuer* wird daher übereinstimmend sehr kritisch betrachtet, ihre Abschaffung gefordert. Bereits jetzt ist sie gesenkt worden, mit einem Aufkommen unter fünf Milliarden nähert sie sich den Bagatellsteuern, weitere Senkungen sind Programm der Bundesregierung. Trotz des vergleichsweise niedrigen Aufkommens ist die Belastung für die Betriebe nach wie vor erheblich, weil eine Abzugsfähigkeit bei der Einkommensteuer nicht gegeben ist, die Abgabe also praktisch „mindestens doppelt so schwer trifft".

Die Vermögensteuer ist andererseits mit der *Einheitswertproblematik* verbunden: Die Einheitswerte müssen, sollten sie beibehalten werden, neu festgesetzt werden — und zwar in periodischen Abständen, was einen erheblichen Verwaltungsaufwand zur Folge hat. Auch dies spricht für die Abschaffung dieser Abgabe, welche im Bereich der Bundesregierung erwogen wird. Doch dann soll Erbschaftsteuer nach Verkehrswert erhoben werden, was sich aber besonders belastend auswirken kann, vor allem im mittelständischen Bereich. Ein Abschied von ertragsunabhängigen, substanzmindernden Steuern ist also doch wohl noch nicht in Sicht.

### 8. Die Gemeinden und ihre Gewerbesteuer

a) Die eigentliche Diskussion über das Problem „ertragsunabhängige Steuern als Belastung der Wirtschaft" findet gegenwärtig jedoch über die Gewerbesteuer statt. Auch hier besteht breite Übereinstimmung über die Notwendigkeit, diese Abgabe abzuschaffen. Doch das Problem liegt dabei nicht nur im Steueraufkommen, sondern vor allem bei der kommunalen Finanzwirtschaft. Sollen die Gemeinden, als Ersatz für eine aufzuhebende Gewerbesteuer, weitergehend am *Aufkommen anderer Steuern beteiligt*, oder soll die Gewerbesteuer durch eine andere *Besteuerungsform* ersetzt werden?

Von allen wird insgesamt die Erfüllung der lokalen Aufgaben durch die Gemeinden gelobt und deren abgabenmäßige Sicherstellung gefordert. Verständlich ist, aus kommunaler Sicht, daß die ertragsunabhängigen Steuern bevorzugt werden, damit eine gewisse Kontinuität des Aufkommens gesichert bleibe; und unbestritten ist auch, daß eine wie immer neu geordnete Gewerbesteuer für die Kommunen akzeptabel sein muß.

b) Wie immer solche Kommunalabgaben im einzelnen ausgestaltet werden — es stellt sich hier die Frage nach der Gemeindeautonomie, die im Grundgesetz verankert ist. Die Gemeinden machen geltend, ihr Selbstverwaltungsrecht würde unerträglich ausgehöhlt, wollte man ihnen die Möglichkeit nehmen, das Aufkommen über den *Hebesatz* zu beeinflussen. Wäre dies allerdings das einzige Problem einer Reform der Gewerbesteuer, so könnte hier wohl eine Lösung gefunden werden, welche für Wirtschaft und Kommunen annehmbar ist; gemeindliche Hebesätze können ja nicht nur bei ertragsunabhängigen Steuern, sie können auch für ertragsabhängige Abgaben vorgesehen werden. Nicht daran also würde eine Reform scheitern — das Kernproblem bleibt vielmehr, durch welche Art von Abgabe man die Gewerbesteuer ersetzen soll.

c) Im Mittelpunkt der Diskussion, welche hier seit Jahren intensiv geführt wird, steht die Frage, wie eine „*Wertschöpfungssteuer*" zu beurteilen ist. In der Aussprache wurde jedoch weithin Kritik an einer solchen Abgabenform laut, gerade auch aus der Sicht einer anzustrebenden Ertragsunabhängigkeit. Was „Wertschöpfung" darstellt, ist schon für die Unternehmen nicht leicht feststellbar, wie sich bei der Handhabung von Wertschöpfungs-Präferenzen in Berlin gezeigt hat. Jedenfalls wird hier die Komplikation des Steuerrechts eher noch gesteigert. Treten Verluste bei einem Unternehmen ein — und gerade hier sollen ja die ertragsunabhängigen Belastungen vermieden werden — so könnte sich eine Wertschöpfungssteuer ebenso ungünstig auswirken wie die Gewerbekapitalsteuer. Dem Unternehmer nützt es ja wenig, daß es zu „Wertschöpfung" gekommen ist, wenn nachher die Produkte nicht gewinnbringend abgesetzt werden können. Auch eine Wertschöpfungssteuer muß eben bei der Kostenkalkulation von Anfang an mitberücksichtigt werden. Hier liegt ein nach Auffassung der Wirtschaft wesentlicher Unterschied zur Umsatzsteuer, welche nicht in die Kostenkalkulation eingeht, sondern deren Ergebnis nachträglich hinzugerechnet wird.

In diesem Zusammenhang wird dann auch die Frage der Abwälzbarkeit einer derartigen Abgabe gestellt. Hier sind die Meinungen geteilt: Die einen halten sie für ebenso unabwälzbar wie die Gewerbesteuer, andere sehen doch, wenigstens „im Schnitt", eine gewisse Möglichkeit der Überwälzung. Die Nähe der Wertschöpfungssteuer zur Umsatzsteuer zeige sich übrigens schon darin, daß in beiden Fällen die Löhne den praktisch wichtigsten Bestandteil der Bemessungsgrundlagen darstellten.

Selbst wenn also eine Wertschöpfungssteuer wachstumsfördernd wirkt und auch auf diese Weise die Probleme der in ihrer Belastungswirkung oft unerträglich schwankenden Gewerbesteuer vermieden werden können — diese Abgabenform bleibt umstritten, und ihre Kritiker weisen auch auf französische Erfahrungen hin: Dort sei eine entsprechende Steuer gerade gesenkt worden, weil sie sich sogar als investitions- und beschäftigungsfeindlich erwiesen habe.

Wiederum ist also der Konsens über die Abschaffung ertragsunabhängiger Steuern größer als die Übereinstimmung über die Wege, wie sie ersetzt werden sollen: Denn daß etwa einer Gemeindebeteiligung an der Umsatzsteuer der Einspruch der Länder entgegensteht, kann nicht zweifelhaft sein.

### 9. Einfacheres Steuerrecht?

Wie ein roter Faden zieht sich eine Kritik durch die ganze Aussprache: Das geltende Recht ist viel zu kompliziert geworden; es kann kaum mehr von hochspezialisierten Steuerabteilungen von Großunternehmen, ja nicht einmal mehr befriedigend von der Steuerverwaltung selbst gehandhabt werden. Der Bürger, der kleinere Unternehmer ist auf Steuerberater angewiesen, die sich auch ihrerseits nicht selten überfordert sehen.

Zentralanliegen einer Neuordnung der Abgaben ist also jedenfalls eine gewisse „Entkomplizierung des Steuerrechts"; und hier zählen natürlich nicht Erfolge bei der Spielkartensteuer . . .

Die Vereinfachungsforderung wird vor allem dort unterstrichen, wo gewisse *Reformbestrebungen sogar noch zu weiterer Komplikation führen könnten:* So wird die Schwierigkeit einer Wertschöpfungssteuer gerügt, der Forderung auf Einführung steuerbegünstigter Investitionsrücklagen steht die Befürchtung entgegen, die Verwaltung werde die Überwachung der Voraussetzungen nur schwer bewältigen können. Nicht nur aus der Sicht des Bürgers stellt sich eben die Vereinfachungsfrage, und der vielberufene Verwaltungsmehraufwand ist meist auch nur die Folge der Unübersichtlichkeit und Komplikation neu eingeführter Abgaben- oder Vergünstigungsformen.

Dieses Vereinfachungsargument, verbunden mit Hinweisen auf den Verwaltungsaufwand — das sind wohl die stärksten Argumente überhaupt für oder gegen Reformvorhaben. Neuordnungen, die dem nicht genügen, haben von vornherein keine größere Chance.

Umgekehrt mag auch ein Eingriff in herkömmliche Formen der Besteuerung am ehesten noch dort in Betracht kommen, wo der Nachweis leichterer Handhabung und verminderten Verwaltungsaufwandes geführt werden kann. Die Komplikation der Einheitswertfestsetzung kann den Durchbruch gegen die Vermögensteuer bringen, die überkomplizierte Regelung der Sonderabzüge der Altersversorgung ist sicher ein gewichtiger Grund für eine Vereinheitlichung der Besteuerung in diesem Bereich. Aus der Sicht des Steuerschuldners wie der Steuergewalt ist also der Hinweis auf „Überkomplikation" ein zweischneidiges Schwert — und vielleicht wird sein Einsatz mehr an Belastungen durch Vergünstigungsabbau als an Entlastungen bringen.

Die gegenwärtigen Entwürfe einer Tarifanpassung haben, so scheint es, das Einfachheitsargument durchaus für sich — hier kann rasch etwas bewegt werden ohne allzu große Komplikation, während sich eine Reform auch der Bemessungsgrundlagen, wie sie im Grunde von allen gefordert wird, nicht selten dem Vorwurf neuer Komplikation ausgesetzt sieht — mag sie auch gerade aus Gründen der Entkomplizierung unternommen werden. Daß aber auch beim Tarifproblem — „nicht vereinfacht" werden darf, zeigen die Versuche der Familienentlastung: Eine „Verzahnungslösung" der Entlastungen durch Kindergeld und der Tarifgestaltungen in Verbindung mit Freibeträgen, wie sie der Bundesgewalt vorschwebt, soll Komplikationen abbauen, trifft aber auf den Widerstand der Länder und schafft überdies, gerade durch den Verzahnungskompromiß, möglicherweise erst recht neue Komplikationen.

Fazit der Aussprache: Wenn die Neuordnung das Steuerrecht nicht komplizierter macht, ist schon viel gewonnen.

*10. Ausblick — weniger und legitimere Abgaben*

Zwei allgemeinere Forderungen werden gegenüber der Steuergewalt erhoben, und sie werden wohl nicht mehr verstummen: Jenseits aller tariflichen Einzelentlastungen und Vergünstigungsregelungen — die Wirtschaft als solche muß steuerlich entlastet werden, in absehbarer Zeit wenigstens. Und: Die einfache Berufung auf das „Leistungsprinzip" überzeugt allein nicht mehr.

a) Die *Gesamtbelastung der Gewinne der deutschen Unternehmen mit direkten Steuern ist besonders schwer*. Mit weit über 50 % liegt sie erheblich über dem europäischen Durchschnitt und auch nicht unwesentlich höher als in den USA. Es fragt sich, wie lange dies noch durchzuhalten ist, ohne daß die Wettbewerbsfähigkeit der deutschen Wirtschaft Schaden leidet. Viele Länder senken die Steuerbelastung immer weiter, England ist bei etwa 36 %> angelangt. Selbst wenn man Bedenken trägt, diesem Beispiel zu folgen, weil möglicherweise unerträgliche soziale Spannungen die Folge sein könnten, so wird doch in absehbarer Zeit eine Anpassung an den internationalen Wettbewerb erfolgen müssen, was allerdings möglicherweise eine Änderung des Gesamtsystems der Besteuerung erzwingt. Die Bundesrepublik verschließt sich dem nicht, der Körperschaftsteuersatz und der Spitzensatz der Einkommensteuer sind keine Tabus mehr, und überhaupt bleiben ja die Zeichen auf Entlastung gestellt. Nur so kann auch die zunehmende Schattenwirtschaft wirksam bekämpft werden.

Nicht nur die Grenzen der Steuerbelastung sind erreicht, die Steuerlegitimation, die *Legitimität der Abgaben* gerät, nicht zuletzt auch durch den starken Druck, immer mehr ins Zwielicht.

Die herkömmliche und allzu leicht genommene Berufung auf ein „Prinzip der *Leistungsfähigkeit*" vermag immer weniger zu überzeugen, schon weil eben diese Leistungsfähigkeit immer schwerer überzeugend feststellbar ist. Die Zunahme der Schattenwirtschaft setzt die „Leistungsfähigkeit" steigender Kritik aus: Wenn der Staat diese Belastbarkeit gar nicht erfassen will — oder kann —, dann darf er sich auch nicht auf sie zur Abgabenlegitimation berufen.

Gefordert wird daher eine stärkere Betonung des *Äquivalenzgedankens* im Steuerrecht, über die öffentliche Gebührenwirtschaft hinaus. Das Eigeninteresse des Abgabenschuldners soll so geweckt werden, er soll aber auch zur verstärkten Eigenbeteiligung herangezogen werden. Dies wird zwar nicht im Bereich der Sozialhilfe, wohl aber kann es bei den Sozialversicherungsabgaben mehr als bisher berücksichtigt werden. Insgesamt wird dies dann zu einer Verringerung des Gesamtabgabendruckes führen, damit aber auch Auswirkungen auf die Steuerbelastungen zeitigen. Wie weit immer man hier gehen will oder wird — ein Aufbruch bahnt sich an, von der Leistungsfähigkeit zu mehr Leistungsgerechtigkeit.

Ob „nur Tarifanpassung" oder „doch schon (beginnende) Steuerreform" — beide Wege sind wichtig.

                                            Konrad Littmann      Walter Leisner

Printed by Libri Plureos GmbH
in Hamburg, Germany